AF315378

❡Lhystoire plaisante et recreatiue faisant mētion

des prouesses & vaillāces du noble Sypperis de Vineuault
Et de ses dixsept filz. Nouuellement imprimee.

❡On les vēd a Paris en la rue neufue nostre Da
me a Lenseigne sainct Nycolas.

vi. L.

N lan six cens ⁊ lxxxvii. regnoit en fran
ce ung roy nommie Clotaire⁊ fut le. viii. roy
qui tint le royaulme. Mais ce ne fut pas se
Clotaire qui fut filz du roy clouis. Le clotai
re. viii. roy eut trois filz. Cestassauoir Dan
gobert qui estoit laisne. En ce temps auoit
a Orleans ung duc que on appelloit Mar
cus a qui Clotaire le Roy enuoya phés son
maisne filz. Et auoit ce duc une tresbelle fille q on nómoit cla
rice/laqlle se en amoura de phés / ⁊ phés delle / ⁊ tant quilz fi
rent tellemét leurs ieux ensemble q phelippe sengrossa. Or estoit
la coustume en ce temps telle/Que quát une femme estoit gros
se Se ce nestoit de son mary ou quelle ne seust mariee on lardoit
⁊ pour ceste cause dist elle a phelippes que silz ne sen alloient en
semble par le pais ⁊ que sil ne lemmenoit quelle se tueroit dug
coustel ⁊ aussi bien se on ne lemmenoit on larderoit.

T quant phelippes veit ce il en eust moult grát
pitie et quant ce vint a la nuyct ilz chargeret de
lor et de largent/et prindrent ung varlet tant seu
lement. Et se mirent a la voye ⁊ yssirent Dorle
ans ou oncques puis nentrerent / ⁊ sen vindrent
en normandie par Rouen tant quilz vindrent en
la forest deu que on appelloit pour lors la forest de Vineuaulx.
Et quant ilz furent allez bien auant en la forest ilz rencontre
rent dix meurtriers qui les voulurent assaillir moult fort pour
auoir lor ⁊ largent quilz emmenoient. Et phelippes se deffen
dit si vaillamment/et tant quil tua le maistre des dix/et deux
aultres auec/son varlet luy aidoit moult bien/mais il en y eust
ung des larrons qui ferit ledict varlet tellement quille tua.
Et puis print les sommiers dor ⁊ dargent et deux aultres re
gardoient Clarice la belle / lors la trousserent ⁊ lemmenerent
parmy le boys/mais ainsi quilz parloiét de luy faire villennye
ilz prindrent tel debat ensemble que ilz tuerent lung lautre. A
donc la dame fut moult ioyeuse/mais de tát estoit elle courrou
cee qlle ne scauoit ou estoit phés Lors reult en la place ou la ba
taille se estoit commécee ⁊ elle ne luy trouua mye. Car il auoyt

tue la plus grant partie des larrons Car ilz cerchoit ceulx qui
sen fuyoient dont elle fut moult dolente ⁊ elle commenca a cher,
chier ⁊ querir parmy le boys. Et pħes pareillement la queroyt
dautre part. Et tant q̃ en querāt pħes trouua vng hōme qui
abatoit vng arbre ⁊ estoit celuy mesme larrō q̃ tua le varlet
de pħes ⁊ q̃ auoit emmene le sōmier do⁊ Mais il ce estoit deue,
stu ⁊ chāge son habit pour la doubte de pħes. Adonc luy demāda
pħes se il auoit point veu deux hōmes qui emmenoient vne fe,
me ⁊ le larrō respōdit q̃ ouy ⁊ quil leur auoit ouy dire q̃ l sême,
nōient a paris. Adonc chemina pħes ⁊ sen alla hastiue mēt tout
droit a paris/mais droit a lheure q̃ly arriua il ouyt q̃ on banis,
soit luy ⁊ clarice parce que le duc marcus dorleās se estoit venu
plaindre au roy de pħes son filz qhauoit engrosse clarice ⁊ quāt
le roy veit qui failloit banir son filz il en eust douleur et dist que
clarice seroit aussy banie ⁊ quāt pħes veit ce il sen reuint hors ⁊
yssit de paris de paour quil ne feust recongneu/⁊ clarice estoit en
la forest qui queroit sa ⁊ la pħes son amy/mais elle nen oyt nul
le nouuelle/ tant alla q̃lle nauoit soulier en pie ne robe qui ne fut
deschiree ⁊ qui plus est elle alla tāt quelle vit a vng hermitage
qui estoit en celle forest/⁊ vint heurter a luys/ mais lhermite ne
vouloit ouurir son huys pource que cestoit vne femme / neant,
moins elle pria tant que il luy ouurit ⁊ par ce quelle luy dist q̃l,
le estoit aīsi ensainte. Adonc se confessa clarice. Apres sa cōfes,
siō il luy demāda dōt elle estoit:⁊ elle luy dist tout son fait cō,
ment elle estoit fille au duc marcus dorleans /⁊ comment pħes
filz du roy clotaire lauoit engrossee⁊tout le fait aīsi quil alloit.
Et quāt lhermite ouit tout le fait il dit quil estoit parēt a pħes
⁊ q̃l estoit oncle de la mere de pħes ⁊ que pour lamour de luy il
la herbergeroit. Adonc il la fist entrer en sa maisō ⁊ luy fit tres
bon feu ⁊ luy bailla a menger de telle viande quil pouoit finer.
Mais la dame nauoit pas faiy de mēger. Car le mal de enfant
la pressoit moult fort. Et quāt il veit quelle commēcoit a crier
et quelle trauailloit. Lors fut moult courrouce dont il lauoyt
oncques herberger. Et quant il veit la douleur delle il se myst
en oraison en sa chapelle et la descendit vng ange qui luy dist/
quil allast a vng chastel qui estoyt asses pres diller que tenoyt
vng geant qui estoit nomme fouquart ⁊ estoit venu fouquart

A.ij.

droit la de vne guerre que clotaire auoit eue aulx sarrazins par
vng payen nomme maximes de nauarre. Car adonc nauarre
et espaigne estoient sarrazins lequel amena moult de gens.
Mais le roy deffendit si bien la cite que les payens furent tous
vaincus ꞇ furent beaucoup qui se firent baptiser. Adonc Clo-
taire donna la terre de Vineuaulx a vng geant nomme Fou-
quart qui estoit chrestien. Mais il ne creoit plꝰ en dieu que vng
chien ꞇ faisoit moult de maulx au pays. Et pource le roy auoit
enuoye tãt de lettres aulx gens de celle terre ꝗ ilz ne loserẽt onc
ques reffuser ꞇ en tint fouquart la seigneurie ꞇ la place ꞇ estoit
a fouquartmont pour lors le droit lieu du conte deu. Car adonc
nauoit voide ne maisõ a eulx. En ce chastel dessus nõme tenoit
fouquart vne damoiselle nõmee marguerite quil auoit prise de
pieca. Si dist lange alhermite ꝗl allast a ce chastel ꞇ que le ge-
ant ny estoit point ꞇ ꝗl allast querir celle damoiselle ꞇ ꝗlle ve-
nist aider a clarice. Et quãt lhermite ouyt cecy il sen hardit ꞇ y
alla ꞇ amena la damoiselle auecꝙs luy en son hermitaige, ꞇ elle
luy aida tellement ꝗlle se deliura dung beau filz ꞇ droictemẽt a
lheure ꝗl nasquit descendit si grãt clarte que ou logis sembloit
quil y eust douze torches allumees ꞇ auoit ce lenfant vne fleur
de lis sur la dextre espaulle cõme la couleur de fin or. Adõc vint
lhermite a qui on le mõstra dont il cõgneut bien quil seroit vne
fois roy de france/tãtost le baptisa ꞇ luy mist son nom cõme lan
ge luy auoit dit ꞇ fut appelle lyperis de Vineuaulx. Ne oncques
puys pour seigneurie quil eust ne chãgea son nom. Lors le print
marguerite ꞇ le cõmenca a en mailloter/mais ainsi quelle len
maillottoit vint fouquart le geant a son chasteau. Quant il
ne trouua point marguerite il demanda ou elle estoit ꞇ on luy
dist quelle estoit venue vers la maison de lhermite. Lors sen
va bien a haste le geant a lhermite. Et quant lhermite louyt
venir il sen fuyt mucer/ꞇ quant fouquart fut dedans il regar-
da claricela belle. Lors la troussa a son col ꞇ Marguerite aus-
si ꞇ les porta a son chastelet laissa lenfant a lhermite tout nud
dequoy clarice sa mere fut moult dolente ꞇ se doulousoit moult
fort, mais elle ney pouoit aultre chose faire. Lors fist fouquart
bien penser delle pour la remectre sus pour en faire sa voulente
et lhermite retrouua lenfant qui demandoit a menger par figure

Lors print lhermite vne des nappes de sa chappelle et y enuelo
pa lenfant/mais il ne luy scauoit que donner lors fist sa priere a
dieu quil voulsist pourueoir cest enfant et tantost vint droit vne
chieure q̃ auoit foyson de laict ⁊ se coucha aupres de lẽfant. Et
le sainct hermite qui veoit bien que cestoit oeuure diuine mist len
fãt a la tette de celle chieure ⁊ le alaicta ⁊ puis sen alla la chieu
re qui reuenoit trois foys le iour ⁊ la nupct : Et tant le nourrit
quil creust merueilleusement et aincoys quil eust vng an il al
la et au deuxiesme il parla tresbien. Au quatriesme an se print
a dire ses heures et les disoit auecques le sainct hermite vers a
vers et quant se vint au septiesme an il dit a son parrain lher
mite q̃l luy fist vng argꝰ et des bougõs. Et alloit traire pmy
la forest ⁊ tuoit oyseaulx ⁊ bestes sauluaiges ⁊ les mẽgeoiẽt ⁊
puis se vestoient des peaulx vng peu se pensa lhermite que se
Sypperis alloit lõguemẽt parmy le boys et se fouquart le trou
uoit il se pourroit biẽ occire. Si dist a sypperis quil ne allast plus
en ce boys pour celle cause. Et le noble sypperis luy dist que si le
trouuoit que il ne lespargneroit point ⁊ quil le frapperoit de son
coustel et que sil luy faisoit aulcun mal quil le tueroit et de ce se
seignoit le sainct hermite quant il ouyt ainsi parler. Et quãt sy
pperis veit quil estoit ainsi simple il luy demanda quil auoit. et
sil se doubtoit de se geant ⁊ le sainct hermite luy dist quil ny pen
soit plus ⁊ quil pensoit a vng poirier qui auoit si belles poires/
et quil voulsoit quilz y allassent lendemain ⁊ si le voulsoit bien
pour luy oster celle pensee du geant pource quil le veoit si hardy
Lendemain au matin demanda sypperis au sainct hermite ou e
stoit le poirier qui luy auoit dit ⁊ il luy monstra la voye ⁊ le bai
sa moult doulcement au departir Car il ne le veit oncques puis
q̃l ne feust plus de dix ans apres: Car il sen alla parmy le boys/
pour trouuer ledit poirier. Adonc alla ⁊ vint parmy le boys/et
cuida retourner a lhermitaige/mais il ne sceut oncques retour
ner dont il fut moult dolent Adonc faillit quil couchast au bois
celle nupct. Et en ce temps mourut le roy clotaire de frãce. Et
estoient les seigneurs de france assemblez pour estre a son enter
rement ⁊ si y vint le roy dangleterre ⁊ marcus le duc dorleans
Et ne sen partirent iusques a tant que dangobert fut sacre roy
Et quant il eut receu tous les hommaiges de toꝰ les subgectz

A.iii.

a la couronne de france a tous tint dangobert tables q̃ y fist on
moult noble feste. Ce dangobert estoit frere de Phelippe le pere
de syperis. Apres la feste se partit le roy dangleterre et le roy de
france sen alla auecques luy a rouen q̃ la receupt il les hommai
ges de ceulx de la uille: et de ceulx de normādie/et puis sen alle
rent tous en leurs pays q̃ le roy dāgleterre sen alla en son pays
et le duc dorleās sen alla en la forest de uineuaulx/et ilz allerēt
tant quilz trouuerent syperis qui estoit tout esgare q̃ qui auoit
couche celle nuict dessoubz les arbres en celle forest/et ne scauoit
retrouuer son logis et chermite dautre coste estoit moult dolent
de ce que syperis ne retournoit deuers luy.

¶ Comment le Roy dangleterre
trouua Siperis dedans le boys q̃
~~lemmena auecques luy en angle~~
terre.

Quant le gentil siperis apperceut ses gens ue
nir il fut moult esbahy pource que oncques mais
nauoit ueu personne en ce boys que chermite.
Et le roy dangleterre fut aussi moult fort esba
hy quant il apperceut lenfant. Lors print sipe
ris son arc et sa flesche pour ferir ung des che
ualiers. Car il cuydoit q̃ ce feust le geāt dont chermite luy auoit
plusieurs foys parle. Si tira tellement qua peu quil ne creua
loeil a ung cheualier. Si fist le Roy dangleterre amener lenfant
deuers luy et il le regarda moult/et son uestement q̃ estoit dung
cuir de cerf et ung autre habit quil auoit qui estoit de fueillez.
Lors linterrogua qui il estoit/q̃ qui estoit son pere. Et il luy dist
quil nauoit point de pere que chermite de ces boys ne de mere
aussi que une chieure qui lauoit alaicte grant piece. Mais elle
sen estoit alle q̃ ne scauoit ou. Adonc en eut le Roy moult grant
pitie/et le fist amener auecques luy. Et quant ilz furent au lo
gis le roy qui tenoit lenfant deuant luy sur son arcon le mist ius
et le fist despouiller de son habit de cuir et de ses autres habille
mens. Et quāt il fut nud le roy aduisa la fleur de lys qui estoit
sur sa destre espaule. Adōc fut il moult esbahy et le mōstra aux

aultres et leur dist bien quil estoit extraict de noble lignee ⁊ de
noble sang/⁊ q̃l venoit des fleurs de lys. Lors dist le roy a mar
cus duc dorleans qui luy ressembloit moult bien et quil ne cui
doit pas q̃l ne leust engẽdre aulcune part. Adonc souuint a mar
cus de clarisse sa fille ⁊ de phelippe qui lauoit emmenee. Lors
commença a plourer. Et quant le roy veit ce il luy demanda
quil auoit et le duc luy cõpta toute la verite de sa fille ⁊ de phe
lippe.Et puis requist au Roy qui luy donnast lenfant syperis:
Mais le roy respondit qui luy donroit aincoys la moytie du roy
aulme dangleterre qui luy donnast. Lors allerẽt tant qui vin
drent a boulongne que on nommoit haulte muse. Adonc entra
le roy en mer et marcus retourna a Orleans/ tant alla le Roy
quil vint adouuerth le chastel ⁊ dela sen vint a londres et la de
scẽdit:Et sa fille qui auoit nom hermine ⁊ nauoit que dix ans
et vint alencontre de luy et luy fist le roy present de Siperis en
luy disant qui luy amenoit vng frere ⁊ quelle le nourrist ⁊ gar
dast tresbien ⁊ quãt hermine veit siperis lenfant elle le print et
siperis la baisa aussi faictissement que sil eust eu douze ans.
Et quant se vint au soupper on fist asseoir les deux enfans a
la table lung deuant lautre pour veoir le contenement. Ainsy
fut nourry siperis a la court du roy dangleterre q̃ faisoit a croi
re que cestoit son filz et quil lauoit engendre oultre mer et tant
creust quil tranchoit deuant le roy Guillaume. Et furent celle
annee vestus dung mesme drap la fille du roy et luy.

OR vous diray comment phelippe son pere qui
auoit este bãny de paris exploicta il passa bour
gongne scauoye ⁊ lombardie ⁊ fut a paute bien
longuement en saudees auenturant sa vie en
ensuyuant cheualerie. Et tant quil se trouua
a monros qui est en hongrie ou le roy de cypre
qui ne creoit en dieu guerreoit et auoit ia tolu
au roy de hongrie bien le tiers de son pays. Dont il estoit moult
courrouce si recepuoit tous les soudoyers qui venoient vers
luy. La vint phelippe qui fut retenu du roy de hongrie. Et si ses
prouua tellement que aincoys que lannee feust acomplye il fut
mareschal de tout son ost. Et mesmes le Roy de Hongrie qui

nauoit que vne fille/mais il luy donna. Et lespousa phelippe
voyant toute la baronnie/et en chassa le Roy de cipee (q recon
questa toute la terre quil auoit conquise de Hongrie et Sypperis
estoyt a la court du Roy dangleterre ou il estoit moult ayme du
roy ou il auoit ia laage de quinze ans et estoyt le plus bel che-
ualier que on peust veoir ne regarder. Et ny auoit nul qui ne
laymast. Adonc en ce temps quil y eust vnes ioustes a Londres
de tous les princes du pays. Et la vint le Roy de noruegue qui
contentoit fort a auoir la fille du roy par mariage. Et estoyt
moult esprins de lamour delle. Mais a celles ioustes gaigna sy
peris le pris et luy fut donne par la court des princes. Et mes-
mes abatit le roy de Nouergue si rudement qua peu quil ne luy
rompit le hasterel/dont il fut moult dolent. Et pensa adonc en
son cueur comment il le pourroit mettre a mort Sypperis: si sen
vint au Roy (q luy pria daller chasser au boys (q le roy Guillau
me luy accorda et auoit emmene syperis auec luy et auoit en-
uoye le Roy de Nouergue dix hommes qui estoyent dedans le
boys embuchez. Ausquelz il auoit donne charge de tuer Sypperis
si le pouoient tenir a descouuert. Adonc se mist a boye le roy dan
gleterre/et le roy de Nouergue se mist a boye (q tant allerent que
syperis courut au boys apres ses gens tant quil sesloygna des
gens et sen vint frapper en la place ou ceulx qui le vouloyent
tuer estoient embuchez. Adonc saillirent hastiuement sur luy
et lescrierent a mort/Et quant il veit que cestoit a boy il se mist
en deffence (q en tua six/les autres quatre senfouyrent et il les
suyuit tant quil en print vng/et celluy luy cria mercy (q quil luy
compteroit toute la traison (q tantost luy compta du roy de no-
uergue tout le fait/et quant il le sceust il fut moult esbahy/Et
quant le roy veit que le iour failloit si se mist au retour. Mais
de ce estoit il moult dolent et courrouce quil ne scauoit que syppe-
ris estoit deuenu/et se doubtoit moult quil ny eust encombrier.
Mais le roy de nouergue luy disoit quil ne sen doubtast point/et
quil estoit ayme de chascun parquoy nul ne luy mefferoit en riens
Quant le roy fut venu il sassist a table pour soupper/et assit sa
fille au plus pres de luy et si sesbahissoit moult de ce que Sypye-
ris lenfant nestoit point reuenu. Si dist a son pere quelle doubtoit
moult que le roy de Nouergue ne luy eust fait faire encombrier.

Car quant fyperis leut abatu a la ioufte. Je luy ouy dire ᶎ iu-
rer quil luy feroit faire defplaifir fil pouoit par nulle voye.
Quant le roy ouyt fa fille il vouloit la faire mettre en prifon le
roy de nouergue. Et lors fyperis reuint du boys/ou il auoit eu
moult affaire de fon corps. Il entra au palays ᶎ falua le roy et
luy compta la trahifon du roy de nouergue en fa prefence. Dont
le roy dangleterre fut moult efbahy. Mais le Roy de Nouergue
nya tout ce. Et dift quil nen eftoit riens et quil fen deffendroit
en la bataille contre luy. Et pria le roy de nouergue au roy dã-
gleterre quil le plegaft pour le champ. Mais le roy dangleterre
nen voulut riens faire. Ains luy dift que fil vouloit il mande-
roit le roy de france qui eftoit germain de fon pere quil le ven
fift pleger: ᶎ que on attargeroit le champ iufqs a tant qͥl feroit
venu. Adonc refpondit le roy de nouergue que on appelloit hen-
ry quil le vouloit bien. Adõcques refcript le roy dagobert pour
le fait du roy de nouergue: ᶎ fut meffagier le conte de falebry et
fut ledit roy de nouergue mis en prifon iufques au iour du chãp
Et fyperis fut mis en vne falle comme prifonnier. Mais la fil
le du roy dangleterre vint requerre a fon pere qui luy deliuraft
fiperis pour eftre auec luy Et quelle fcauoit biẽ que fil eftoit lõ
guement a parluy quil prendroit ennuy dont il fe pourroit affie
bir Et quelle voulloit que on lardift ou cas quelle ne le rẽdroit
au iour de la bataille. Le roy luy deliura fiperis / ᶎ elle le mena
en fa chambre ou elle le penfa bien. Quant le roy de france veit
la lettre du roy dangleterre quil luy auoit enuoye il fut moult
lyez: ᶎ donna au meffagier vng beau cheual ᶎ fe partit et me-
na auecques luy le duc dorleans. Et vindrent a londres ou ilz
furent receuz moult haultement. Et quant fe vint au iour de
la bataille fiperis fut amene deuãt le roy dangobert qui eftoit
fon oncle. Et deuant marcus qui eftoit pere de clarice fa mere
Mais nully deulx ne le congnoiffoit. Et moult regarderent/et
difoit le roy dangobert quil reffembloit moult biẽ a phelippe
fon frere. Et marcus auffi mefmes/Quant il apperceuft la
fleur du lis fur fa dextre efpaulle encores fen efbahit il plus: ᶎ
dift bien quil eftoit extraict de royalle lignee. Et lors deman-
da le roy de france dont il luy venoit. Et il luy compta com-
ment il auoit trouue le petit enfant en la foreft de Vrenaulx.
Mais fiperis leur difoit quil eftoit filz dung hermite. Et quil

Siperis   B.i.

nauoit point de mere/ fors vne chieure qui lauoit nourry sept
ans: dont ilz sesbayssoyent moult. Adonc luy demanda le roy
qui le plaigeroit: et il luy respondit quil ne scauoit: sinon quil
en prieroit et prioit hermine la fille du roy dangleterre: et hermi
ne le plega voulentiers. Et auec ce elle requist au roy Dango
bert quil le plegast: car il ne voulut onches pleger le roy de no
uergue ains luy dist quil auoit assez damys et de parens qui le
plegeroyent. Adonc plegerent les seigneurs dalemaigne quon
appelloit ardouffle/ le roy de Frige Henry le roy de Nouergue
quant se veint au iour de la bataille le roy de france adouba si
peris et le fist cheualier et puis sen vint au champ/ et le dist au
roy de nouergue aussi la iura siperis que le roy de nouergue a
uoit fait traison: puis baisa siperis les sais moult deuotement
Et Henry iura le contraire. Et quant il cuyda baiser les sais
il sesfongneret de luy parquoy on eust assez congnoissance quil
se pariuroit: lors deffierent lung lautre. Et tant se combatirent
que siperis coupa vng bras et creua vng oeil au roy de nouer
gue. Et quant le roy dangleterre vit ce il fist cesser siperis: et la
demanda deuant luy et luy dist quil ney fist plus et quil sestoit as
sez venge de la traison que le roy de nouergue luy auoit faicte.
Mais Siperis luy dist quil vouloit bien accomplir sa voulen
te mais quil recongneust la traison quil auoit faicte. Tan
tost furent amenez ses pleges qui luy firent dire deuant le roy
tout le faict/ dont chascun se smerueilla: dont les accorda le roy
Dangleterre. Et les fist baiser lung lautre en signe de paix.
Mais se fust vne paix fourree. Car se faulx roy de nouergue ne
fist oncques puis que penser comment il pourroit mettre a mort
Siperis. Le roy de nouergue sen vint a leneclastre: et se plain
dit deuant ses parens du roy dangleterre: et de hermine sa fille
q supportoit ains Siperis: mais le duc de leclastre luy dist que
sil luy vouloit promettre quil luy donroit sa seur en mariage q on
appelloit florence. Et quil luy donnast la terre de nouergue a
pres son trespas puis quil nauoit nulz enfans: il trouueroit bie
maniere de le venger de siperis du roy et de hermine sa fille. Et
quil le rendroit prins et feroit mettre en son obeissace. Et Hery luy
accorda et luy fist grant serment. Adonc commenca le duc de le
clastre a repairer a la court: et aller et venir entour la fille et la
prier damours. Et ce quil faisoit cestoit pour trouuer occasion

sur Siperis:Mais tous les iours elle respondoit quelle ne se
Vouloit point marier:tant que la fille commenca moult a pa
lir pour le faict damours qui se Bouta en elle.Et tant ayma
Siperis quelle deffinissoit et appalicoit moult tant que le roy
sen doubta/et luy demanda selle se Vouloit marier et quil luy
feroit auoir le duc de Lenclastre qui estoit bel et ieune riche et
puissant:mais elle respondit quelle ne se Vouloit point marier
Adonc fut le Roy en grant doubtance de Siperis:Ung iour e
stoit Siperis auecques la fille du roy a iouoit aux esches côtre
elle.Et se deuisoyent damours gracieusement sans mal pêser
Mais ilz furent espies du duc de Lenclastre qui auoit pourpêse
la traison auecle roy Henry si amena auec luy le roy Hêry de clo
cestre.Et le conte Henry de Waruich pour tesmoigner le faict
si leur dit Vees seigneurs commêt le Bastart est en amours de
ceste dame.Car elle a mis tous en oubly les aultres seigneurs
affin que le roy y pouruoye ilest besoing que nous len aduertis
sons. Car nous Voyons quelle ne tient conte maintenant que
de ce Bastard.Adonc sen Vindrent deuant le roy.Et le duc de lê
clastre luy commenca a parler de ceste chose/mais le roy lême
na en sa chambre et sassit aupres de son lit pour ouyr ce ql luy
diroit:mais se conte luy commenca a dire comment siperis te
noit sa fille et quil lauoit deshonnouree:Et faisoit sa Voulente
tout ainsi que ce cestoit sa femme espousee.Et quant il ouyt
ce il en fut moult dolent.Et dist q siperis en mourroit puis ql
luy faisoit telle deffaulte.Lors proposerent que landemain ilz
yroyent chasser en la forest:et y meneroyêt Siperis. Et adonc
lappellerent et disoyent bien que la chose fust tenue secrete.Af
fin que Hermine nen sceust riens.Mais ilz ne sceurent si secrete
ment faire leur chose que Siperis ne sen apperceust. Car Vne
damoyselle petite nommee asseline estoit en la chambre du Roy
qui ouyt tous les deuis:qui prestement le Vint dire a Hermine
la fille du roy:a quant elle le sceut elle fut moult dolente:Car
elle aymoit tant siperis quelle en estoit toute perdue. Quât se
Vint au Vespre que chascun estoit endormy elle se leua de son
lit et sen Vint a la chãbre de siperis a lesueilla tout doulcemêt
et luy côta tout le fait de la traison/a luy dist et conta tout le
Vouloir comment elle estoit preste a appareillee de faire sa Vou
lente/mais Siperis luy respondit gracieusement comment le
B.ij.

roy lauoit trouue poure et meschant / a comment il auoit mis
en lhonneur ou il estoit et que pour riens qui luy aduint il ne
luy feroit chose qui luy fust desbonnourable· Et quant Her-
mie louyt elle fut esbahie Surquop elle luy dist ql estoit moult
loyal et quelle lauoit moult esprouue en maintes manieres / a
que sil sen Bouloit aller quelle laymeroit bien / et qlle luy char-
geroit deup sommiers dor et dargent. Et Bous en przez a len-
clastre ou Bous trouuerez henry qui Bous fait faire toute ce-
ste trabison / et puis le mettrez a mort / et puis ie men tray auec-
ques Bous ou ie Bous feray auoir tant de bonnes gens que
Bous conquesteres tout le pays de nouergue. Et quant sipe-
ris loupt il en mercia. Mais il dist bien que ia ne sen partiroit
du Roy son pere sans prendre congie de luy. Apres ses deuis se
partit la Belle et sen retourna. Et siperis demoura moult pen-
sif doubtant aulcunement que Hermine ne luy feist ses choses
entendant affin quil lemmenast. Car il Beoit que estoit de luy
fort en amouree. Neantmoins lendemain au matin Siperis se
leua et sadouba de ses armures dessoubz son habit pour les
doubtes. Et sen alla ouyr messe et se confessa bien et deuote-
ment au mieulp quil peult / a se recommanda a dieu. Affin que
sil conuenoit quil mourust quil fust en bon estat. Puis sen Bint
deuers le roy / et si tost quil y fut le roy luy dist quil Bouloit al-
ler chasser. Adonc saperceust bien siperis q les parolles de her-
mine estoyent Brapes. Si respondit au roy quil estoit prest / lors
se mirent a Bope les trois traistres qui Bouloient tuer siperis
Cestassauoir le Duc de lenclastre le Conte de BBariuch et le
duc de clocestre / et se tirerent pres du roy. Et quant ilz furet en
la forest il nen y auoit nulz deulp qui osast assaillir siperis pour
Bng arc quil tenoit. Lors luy monstra le Roy Bng cerf: a luy
dist quil tirast au cerf / et il le perca tout oultre. Adonc deman-
da le duc de lenclastre a siperis son arc. Mais il luy respondit
quil ne luy Bailleroit point. Et autant en respondit au roy qui
luy demanda par lenhortement du duc de lenclastre. Et quant
ses traistres Beirent quilz nauroient point son arc. Le duc de
lenclastre dist au duc de clocestre quil frappast Siperis par der-
riere / et quil luy donneroit Bne partie de sa terre. Lors queue
de clocestre sen Bint par derriere pour cupder ferir Siperis qui
estoit tousiours auprez du Roy. Et eust pourfendu Siperis

lusques auy dens se neust este que par le vouloir de dieu lespee
rencontra vne brãche dung arbre qui rompit le coup/nonobstãt
il le naura en lespaule. Et quant siperis vit ce il sacqua son es=
pee/et tua lequeus de clocestre z celuy de vvariuch. Et puis
print son arc pour tirer auy aultres. Car ilz estoiẽt bien.vp.iiii.
qui luy vouloient sa mort. Ainsi ql ttroit le duc de lẽclastre sen
fuyoit q se mectoit tousiours en lõbre du roy. Et quãt siperis
vit ce:il escria au roy quil se tirast arriere/le roy seslõgna vng
peu du coste. Et ainsi q le roy se cuyda descouurir il sen vit bou
ter alencõtre la flesche. Adonc fut il mort dont siperis fut tant
dolẽt quil ne scauoit que dire nonobstant il supuit tãt le duc de
lẽclastre/que ledit duc cuyda saillir vng fosse/mais il cheut luy
et son cheual dedãs/z la le tua. Et les autres senfouyrẽt. Et
siperis appceut deuy des escuyers du roy/si leur dist quilz ve=
nissent hardiemẽt/lors siperis leur cõpta toute la traisõ z leur
montra les mors/dont il en y auoit.vii. Et puis leur dist ql le
recommãdassent a hermine z quelle luy pardonnast ce quil a=
uoit fait/lors se partit siperis q alla tãt par hayes et par buis=
sons sans boire z sans mãger de peur de suptes iusques a len=
demain quil vint a lenclastre. Car il luy souuenoit bien de hen=
ry le roy de nouergue qui luy auoit fait faire toute celle traison
Si sen vint hosteller et fist dõner de lauoyne a son cheual z en=
quist du fait de henry de nouergue. Et on luy dist quil estoit en
son logis. A priuee maisnie ou il faisoit guerir les playes quil a
uoit eues en la bataille. Adonc cõmanda siperis que son cheual
feust prest hastiuemẽt et quil estoit messagier. Et quil failloit
quil allast hastiuemẽt en ses besoignes. Puis se ptit z sen alla
au palays ou il trouua henry q se seoit au disner/z son medecin
aussi. Lors siperis lescria a mort/z luy couppa la teste. Puis sen
vint hastiuemẽt monter a cheual/et sen vint hors de lenclastre
que oncques hõme ne losa approucher/z tant alla quil vint a
vincenesel/et la trouua marcus qui entroit en mer/z siperis
entra auec luy. et quant la fille du roy dãgleterre sceut le faict
elle fut moult dolẽte z plus espectallemẽt de ce que siperis ses=
loignoit que daultre chose z tellement quelle iura que iamais
nespouseroit mary se elle ne lauoit/et se rẽdit en vne place ou il
y auoit nõnains/et bailla sa terre a gouuerner a vng q la gou=
uerna vaillammẽt. Tant alla siperis quil arriua au tresport
v.iii.

Et la yssit de la nef ꝗ chemina par le pays:lors trouua vne pe
tite maisonnette en maniere de hermitaige ꝗ estoit sur vne ro
che.Lors demāda ꝗ cestoit et on luy dist que la demouroit vng
hermite qui estoit nomme siperis il y auoit bien vingt quatre
ans.Adonc pensa bien siperis que cestoit son parrin si chemina
vers lhermitaige.Et quāt il vit a lhuys il ne luy vouloit ouu
rir lhuys tusques a tant que siperis se feust fait cōgnoistre.A
donc le congneust siperis/et il le mist dedans.Et il luy compta
toutes ses aduersitez commēt il auoit este trouue.Et lors de
manda a lhermite sil estoit son pere/et il luy respondit que nen
ny. Et quil estoit frere au Roy de France ꝗ de la fille du duc
Marcus Dorleans.Et quil y auoit vng geant qui demouroit
aupres dilecquess qui tenoit sa mere en prison.Lors luy com
pta lhermite a siperis tout le fait ꝗ de la chieure ꝗ lauoit nour
ry ꝗ de sa puissance.Adonc demenerent grant ioye. Et puis
dist siperis lenfant au sainct hermite quil yroit lendemain ve
oir le geant et se combatroit a luy.Mais lhermite luy dist biē
quil ny pourroit durer.Car il estoit trop fort et si cruel que nul
ne losoit assaillir.Mais siperis luy dist ꝗ dieu luy ayderoit aus
si biē quil auoit tousiours fait/ꝗ quil ne lairroit pour riēs quil
ny allast.Adōc lhermite luy mōstra le chemin/et luy dist ꝗl al
last entre le boys et la riuiere/ꝗ de labreelle ꝗ ꝗl trouueroit le
chastel de blarimont.Lendemain se partit siperis ꝗ sen alla tāt
par le chemin que le sainct hermite luy auoit dit tout chantāt
Nompas quil feust ioyeulx/mais pour faire auoir ioye a lher
mite son parrin.Tant alla quil vint a blarimont ꝗ mainte
nant est appelle blangy. La demanda combien il y auoit iusꝗs
a blarimōt.Et vng charpētier luy dist ꝗl y auoit trois lieues
et luy dist bien ꝗl ny allast pas pour lhorrible geāt qui y estoit
mais le gētil siperis iura quil ne mengeroit iamais iusques a
tant quil auroit tue ꝗ occis le geant.Et quant tous les gens
du pays le sceurent ilz sacompaignerēt tous auecꝗs luy:Cest
assauoir charbonniers/charpentiers bergiers Et chartiers/et
tous luy dirent que silz veoient quil fust le plus fort que tous
luy ayderoiēt/mais sil auoit du pire ilz le laisseroiēt ꝗ sen fuy
roient.Et quant ilz furent vng peu loing on dist au gētil si
peris que fouquart le geāt se dormoit au dehors de son chastel
dessoubz vng pin ou il esptoit les marchās ꝗ ꝗl le tueroit bien

en dormant/mais siperis dist bien que la ne luy toucheroit tãt
que il dormist tant alla ql vint aupz du chastel ou les dames
estoient bien vingtquatre aup fenestres qui crioient a siperis
quil sen allast arriere ⁊ que se fouquart le geant le veoit ql le
tueroit.et dist le gẽtil siperis qui ne le doubtoit point et vint
tant quil vint au pin ou fouquart le geãt estoit et les charbõ,
niers ⁊les verriers ⁊ chartiers ⁊ aultres gẽs sebucherẽt aupz
et noserẽt aproucher ledit geãt. Mais siperis le vint esueiller
et se cõbatit tant a luy quil luy trancha les deux mains dont
il manyoit vng leuier q auoit quatre paulmes de tour ⁊ estoit
moult fort et bien bẽde de grosses bẽdes de fer/mais du pmier
coup qui ferit siperis il assena vne des branches de larbre quil
luy rompit son coup ⁊ quant il eut les bras tranchees/et que
les charbõniers bergiers ⁊ aultres gẽs virẽt ql ne se pouoit ay
der itz vibrẽt trestous sur fouquart le geãt la fut il moult ba
tu et villaine/⁊ compta a siperis comment mapimes le Roy
de nauarre estoit venu en france.et auoit este desconfit du roy
clotaire/et commẽt il cestoit fait chrestienner ⁊ luy auoit dõne
la conte de vineuaulp et depuis auoit regnye la loy de iesuchrist
et creoit en mahõ/et quãt ouyt ce il le vouloit tuer mais les
dames lescrierẽt que il ne loccist pas iusques a tãt quelles leus
fent tresbien batu. Lors descẽdirent toutes les nobles dames
ius du chastel.Cestassauoir Clarisse mere de siperis quil ne le
congnoissoit pas ⁊ marguerite sa marraine ⁊ aultres vindrẽt
a fouquart/et luy firẽt moult de mal ⁊ de vilãnie/lors leur de
manda le gẽtil siperis pourquoy elles le heioiẽt tant/⁊ clarisse
luy compta tout le fait/et comment elle auoit perdu son amy.
Commẽt elle auoit eu vng bel enfant dedans vng grãt boys
en la maison dung sainct hermite mais elle pẽsoit quil fust des
ia mort. Adonc pẽsa bien siperis que cestoit sa mere. Si luy de
manda a quelles enseignes elle pourroit recõgnoistre son en
fant se elle le reueoit:et alors la dame luy comenca a parler de
la fleur du lys que ledict enfant auoit sur la destre espaule. A
donc luy dist le noble siperis quelle ne sen guermentast plus et
qlle en orroit tãtost de brefues nouuelles. Apz ses parolles fut
fouquart le geant naure a mort. Si le fist siperis enterrer que
oncques nen retint que vne des costes auecques toute la chair

et la fift mettre a vne des maiftreffes poztes en remembzace de
la victoire ql auoit eue. Depuis enuiron deux ans fut le cha-
ftel effilie par les guerres de charles martel roy de france des
baudzes q vindzet fur les marches en hozlat en bzebat en ar-
tops en vermedops t deftruirent la cite de vineualp t la noble
cite darras t la noble cite damies: puis vindzet en pottu: t ny
laifferent ne voide ne maifon quil ne deftruiffent tout fozs que
la frefte qui eft aupzes fainct richer: puis vindzet a vineudulp
et en beauuoifine: puis a chalo/ puis vidzet affieger laon/ mais
ilz ne le gaignerent pas: ne reims: mais charles martel fe com
batit a eulp/ et les chaffa treftous hozs du royaulme.

En ce teps auoit vng bo conte en vineuaulp
nome flozent quant il vit que fouquarmont
eftoit ainfi deftruicte il fift pzendze la cofte du
geat et la fift pozter a fouquarmot labaie/ la
le fit pedze a vne chaine fi que les ges le veif-
fent en celle abbaye de fouquarmot fonda fi-
peris pzemieremet des chanoynes qui fe gou-
uerneret fi mauluaifemt t fi defloyallemet q
le pape nome clemet les condapna en chartre a rouen. Ou ilz
mourutet/ et puis aps long teps fift on vne abbaye de faict au
guftin/ et y euft couet de moynes blacs/ mais aps q le geat fut
mozt les dames meneret fiperis au chaftellet t ble. pl. charbo-
niers t aultres: t quat fiperis y fut il mada lhermite fon par
rin q fut moult loyeulp. Quat il fceut q fiperis auoit tue fou-
quart le geat. Quat il fut venu fiperis fe fift congnoiftre a fa
mere clariffe t lup moftra la fleur du lis ql auoit fur fon efpau
le. Aps fes chofes on dit a fiperis ql y auoit bie ecozes. lp. des
homes de fouquart q eftoiet en tourie/ qui debuoient reuenir et
les gens fouquart fceuret que leur maiftre eftoit mozt. Il en y
eut vng deulp qui eftoit le pire apres fouquart quon appelloit
yzoze qui pzia tat les aultres q fe accozderet de affaillir le cha
ftel et de mectre a mozt fiperis qui leur auoit fait villapnie/ et
vifaige de boys. Lozs affaillirent le chaftelet vng des charbo
niers nomme helye trouua vng efcu t fen vint a la chemineet
le palgnit de charbo/ t puis au meillieu vne hache de marle bla
che/ t mift lefcu a fon col. Dot le noble fiperis eut moult gras
ris. t helye requift quil euft bataille a yzoze. Lozs pffirent du

chaſtel. Et helye vint haſter yſore. Mais il le reffuſa pource q̃l
diſoit quil nauroit point de hõneur de ſoy combatre a vng char
bonnier. Mais ſiperis diſt a helye q̃ le feroit cheualier. Et auſ-
ſi fiſt il dont helye ſen mercia moult grandemẽt. Et quant he
lie fut cheualier/il demãda trois coups de lance a yſore. Mais
du premier coup helie neuſt pas a vng aldaĩ pres de yſore/et
yſore labatit a terre/Et puis ſe mocqua de luy. A lautre coup
remõta helie/ɑau tiers coup helie tua yſore/ɑ puis tous les aul
tres ſe rendirent a ſiperis. En celle bataille eut ſiperis le nom
change de blarmont/et fut appelle le chaſtel de fouquartmõt ɑ
ſaſſirẽt au mẽger. Et apres ſiperis parla en hault. et diſt aux
gens du pays de quelle generatiõ il eſtoit/ et que chãtiſſe eſtoit
ſa mere. Et que tous ceulx qui le Bouloient ſeruir et aymer le-
uaſſent les bras en hault. Et ceulx qui ne le Bouloient faire ſe
departiſſent et allaſſent par tout ou bõ leur ſembleroit. Adõc
ques chaſcun haulca les bras en hault et ſe miſrent tous en ſa
ſeigneurie et eſtoient bien enuiron ſept vingtz. Lendemaĩ ſen
alla ſiperis a anmarle qui neſtoit pour lors que vne petite vil
lette/ɑ neſtoit point encores conte. Mais ceſtoit chaſtellerie:et
deffief de fouquartmont. Si le print incontinent: la y auoit
yſore vng petit filz qui nauoit poĩt de mere. Lors ſiperis le fiſt
nourrir dont depuis il ſen repentit/ et donna la ſeigneurie dau-
marle a helie le charbonnier qui y demoura.

EN ce temps aduint que dangobert roy de frã
ce auoit vne moult belle fille nõmee Diable
laqlle eſtoit moult reqſe damours. Mais elle
ny Bouloit entẽdre Et p eſpecial de vng prin
ce de prouuẽce q̃ la requiſt. vng iour moult.
Mais elle ſen excuſoit/et tãt quil la Boulut
baiſer/ Mais elle luy bailla ſi grant coup du
poing q̃lle luy rõpit deux dens en la bouche
dõt il fut moult courrouce/et elle luy diſt q̃lle ſen plaiſdroit au
roy de frãce ſon pere. Lors ſe pourpẽſa le prince de prouuẽce gre
uer la dãe le pl⁹ q̃l pourroit. Si ſen Bit au cõte deſtãpes/ɑ luy
cõpta la beſongne cõmẽt il ſen pourroit Bengier. Lors ſaſſem-
blerẽt pluſieurs de ſa bẽde. Et pourpẽſerẽt de mettre ſus a la

pucelle quelle estoit grosse du chambellan du roy. Lors sen vin
drent vers la court du roy/et vindrent vers la chambre de la
fille du roy/et la trouverēt seulle iouāt aux eschetz alencontre
du chābellan du roy. Et quāt ilz la veirent ilz en furēt moult
ioyeulx pour auoir occasion de lencoulper dudict chambellan.
Lors sen vindrēt au roy Dangobert / et luy cōpta le prince de
Prouuēce nomme estienne/et remy siquens Destampes/et sen
vindrēt au roy. Et luy dirēt comment sa fille estoit grosse du
chambellan/et quil auoiēt trouue.7.prins sur le fait. Et ce fai
soit ledit prince pour la coustume qui lors estoit telle: que quāt
vne femme estoit enseincte sans estre mariee quelle estoit ar
se. Ilz se appenserent que se elle nestoit arse/ aumoins on la bā
nyroit hors du pays/et par ainsi ilz la suyuroiēt et la prēdroiēt
par le chemin/et lemmeneroient. Quant le Roy ouyt ce il fut
moult esbahy et sen vit en la chābre de sa fille/laquelle il trou
ua toute seulle soy iouāt pres du lict audit chambellan/ʒ quāt
le roy veit ce il sacqua son espee/ʒ trēcha la teste audit cham
bellan/Dont il fist mal. Car il ny auoit coulpe/ et mesmes il
eust tue sa fille se on ne luy eust recourse. Lors fut Drable sa
fille admence en iugemēt/laʒlle se epcusa deuāt tous sur dieu
et sur lame de luy/quelle ny auoit coulpe en ce. Mais les faulx
traistres estoiēt de si grant lignaige que nul nosoit aller alen
contre de eulx:ʒ mesmes donnerēt argēt aux saiges femmes
qui la visiterēt pour scauoir toute la verite de ce/ et leur firent
dire quelle estoit corrumpue dhomme/ʒ par ce moyen vouloiēt
dire quelle estoit a ardoir/elle fut despouillee:ʒ iugee a ardoir ʒ
le feu allume. Mais la royne de France sa mere vint la si tres
courroucee ʒ si tres doulēte quelle dit se on ardoit sa fille quel
le se tueroit ou arderoit auecques elle. Et quāt le peuple veit
ce/tant par le peuple que aultrement elle fut repitee de mort.
Mais elle fut bānye de tout le pays de france/et quāt elle veit
ce/et quelle se deust partir du roy et de la royne sa mere elle re
quist au roy ʒ nulz ne la suyuist la premiere iournee quelle par
tiroit/affin quelle ne fut vergondee en riens. Car elle doubtoit
grādement que on ne luy eust faict faire ceste trahison pour la
vouloir guecter par les chemins ʒ par les villaiges pour la vi
oller/ʒ disoit pour verite ʒlle estoit necte de la chose que on luy

mettoit assus. Lors fist le roy et la royne moult grant dueil au
departemēt de orable leur fille ꝗ luy baillerāt de lor ꝗ de largēt
a grāt foisoŋ: et ꝯng varlet auec elle qui la seruoit / et seŋ alla
par le pays et seŋ vouloit aller deuers breban. Mais il y auoit
guerre entre les gens / et retourna vers le pays de Normādie:
et tāt quelle vint eŋ vineaulx ou siperis estoit auecques les
charbonniers et gēs du pays. Et quāt elle passoit par les bon=
nes villes / elle estoit moult regardee pour la grāt beaulte qui
estoit eŋ elle dont elle estoit paree. Quant le prince de prouuēce
estienne / et le cōte destampes nomme renus veirent quelle seŋ
alloit: et que la deffence estoit ainsi faicte. Neātmoins ilz mis=
rent sus vne espie qui la poursupuoit que oŋ nommoit hardom:
et estoit varlet au cōte Destampes qui les poursupuit quatre
iours tous entiers / ꝗ tant quil retourna vers eulx: et leur dist
quelle estoit a senarpōt et quelle cupdoit partir de la ou quelle
estoit eŋ la forest. Lors la poursupuirēt tellemēt quil rataindi=
rent la dame et soŋ escuyer eŋ la forest. Adōc vint lespie a les=
cuyer de la dame qui portoit lor ꝗ largēt de la dame et sa robbe
quelle auoit toute despouillee affiŋ ꝗlle allast plus legieremēt
et print tout ce / et se tira par dedās le boys et senfupt a tout: ꝗ
les faulx traistres vindrēt a la dame et luy dirēt que sa paix
estoit faicte: et quelle seŋ retournast hardiment a soŋ pere. Et
elle les appella faulx traistres: et leur dist ꝗ faulcemēt ꝗ des=
loyallemēt ilz lauoiēt trahye. Adoncques la voulurent pren=
dre a force. Adonc elle sescria moult haultemēt eŋ regrectāt la
benoiste vierge marie. A celle heure estoit siperis eŋ la forest ou
il chassoit. Et quāt il oupt les regretz de la dāe il seŋ vīt cel=
le part: et leur escria faulx traistres laissez quoye la ieune da=
me. Car elle est escheue a mō droit puis quelle est eŋ ma forest:
ou si noŋ gardez vous de moy: et ilz luy respōdirent ꝗ pour luy
ne la larroiēt il pas. Quāt il loupt ce il leur courut sus moult
aspremēt: et se cōbatit a eulx deux. lung estoit conte de Prou=
uence: et lautre conte destampes. Et siperis les tua tous deux
et quāt il eust ce faict admena orable la belle a Fouquarmont
a soŋ chastel. Lors requist helie le charbōnier a siperis quil luy
donnast celle dame eŋ mariage. Mais siperis luy respondit quil
estoit a prouueoir: et que il la prendroit bien pour lupmesmes:

C. ii.

et en fist sampe/et la fianca apres disner. Car il la fist menger
et boire a son ayse/a aussi elle en auoit bõ mestier. Car elle luy
dist quil y auoit deux iours quelle nauoit mẽgie. Apres disner
luy demanda siperis dont elle estoit/a si elle estoit poit mariee
ne attouchee dhomme charnellemẽt/ et elle luy respõdit moult
doulcemẽt que nenny en verite. Lors fut siperis moult ioyeulx
Si la requist humblement quelle voulsist estre sampe/ et il la
fianceroit/et que iamais aultre nauroit tãt quelle vescust/ elle
sen excusa moult doulcemẽt pource quelle disoit que elle estoit
de trop bas lieu pour luy qui estoit vng moult grant et puis-
sant seigneur. Neantmoins il luy dist q par amour ou par for-
ce elle le feroit. Adoncqs saccorda la belle a luy/ adonc fut ceste
feste moult grãde a planiere: et coucha celle nuyct siperis auec-
ques orable qen estoit moult courroucee: pource quil ne lauoit
point espousee: et celle nuyct engẽdra deux beaulx enfans maf
les sung fut nomme Thierry q fut laisne: lautre fut nomme
cloups. Les deux enfans furẽt quatre ans roys de frãce. Len-
demain fut faicte moult grãt feste ou palays de siperis. Mais
en celle iournee q lespie auoit tue lescuyer de la dame Sey al-
loit a tout lor et largẽt parmy le boys. Le conte de poictou nõ-
me Basselin reuenoit de bretaigne: pource q mayimes le roy
aidiet Dangobert en reuenant ladmena auecques luy en fran-
ce: et compta tout le faict de orable sa fille et comment on luy
auoit ostee a trahie. Lors fut le roy dangobert moult dolent et
courrouce: et fist prẽdre lespie Puis fist querir le roy dangobert
sa fille par tout. Mais nulz ne luy en scauoient dire la verite.
Mais la belle estoit en dineuaulx auecques siperis. Et dit la
vraye histoire a cronicque: que en treize ans tant seullement: et
le eust dixsept filz masles du fait de siperis Dont le pmier fut
nomme Thierry et fut roy de france: et gist a sainct vast dar-
ras Le deuxiesme fut cloups qui fut roy apres Thierry qua-
tre ans entiers. Le troisiesme fut Gallehault a fut roy de na-
uatre qui est en espaigne. Le quatriesme fut nomme Ferrãt a
fut roy de bretaigne. Le cinquiesme fut appelle Guillaume et
fut roy du royaulme dangleterre: et espousa Hermine la fille
du roy Guillaume que siperis tua: laquelle estoit nonnain: le
sixiesme fut Bouciquant et fut roy de Mortengue: le septiesme
fut amauris et fut roy dirlande: le huytiesme fut Gracien et

fut seigneur de Dānemarche/et fut occis dung payen nomme
Justamon/puis fut il cgnonise a Romme:τ mis en fierte en oz
et en argent.Et le tient on pour sainct:et est nōme sainct gra
crien.Et en marbeuse__ le neufuiesme fut paris:τ fut Roy de
frise:le diriesme fut Gloriant:et fut roy de cipre: le Unziesme
fut loys et fut roy dallemaigne:le douziesme fut Sanson τ fut
roy de gascoigne:le treziesme fut amadas.et fut moult amou
reup et de grant renom:le quatorziesme fut appelle allart:Le
quinziesme fut morant:le seiziesme fut clariant : le dipsepties
me fut appelle le petit siperis qui tint depuis Hierusalem:τfut
de bonne vie τ saincte comme on le dit. Tous dipsept creurent
tant que siperis les adouba tous:et moult en auoit grant ioye
siperis τ orable sa femme.Adoncqs sen hardyt daller par tout.
Car long temps ne sestoit bougie. Pource ql doubtoit encores
moult fort le faict du roy Dangleterre. Mais il y auoit moult
grant temps q ce auoit este faict par auant. Si sen hardissoit
beaucoup plus seurement.

Or aduint en ce temps que le Roy Dango
bert voulut aller visiter son pays. Si me
na auecqs luy Marcus le duc Dorleans q
estoit pere de la mere siperis: La vint a laon
Vermendoys et dela en Poycton.Si vint a
sainct Richier:la le receupt moult voulen
tiers et noblement le conte de poictou Gas
selin. Et y demoura le Roy blē enuirō vng
moys. Et tant quil fist crier vnes ioustes : et fut le pris de la
iouste dung heaulme dargent. A ces ioustes vint Siperis et
ses dipsept enfans.Et auoit faict paindre dipsept escus : dont
le sien estoit dargent borde de fin azur a vng arbre tout vert ou
millieu:et vne fleur de lys au lez destre:et aussi au senestre.
Au pmier filz en son escu vne:au deuxiesme deup: au troisies
me trois:et aussi en montant iusqs a dipsept. Et helie le char
bonnier paingnit son escu de charbon:Du millieu vne hache de
marle:τ ses compaignons aussi. Ne oncques pour chose que si
peris dist ne les voulurent aultremēt paindre. Ainsi se partit
siperis.τ vint a sainct richier.Et helie auecqs luy qui estoit sei
gneur danmarle:et ses charbonniers auecques luy. Lors firēt

feneftres de leurs blafons. La eftoit Gaffelin conte de poy-
ctou le duc dorleas lequeus de Vnneufymans de clermontier.
Arnoult de beaurai:geffroy de creffy:guillaume de labroie:hu
gues de Vvalen:efpaulfart dorefmõt:τ plufieurs autres.grãdz
princes. Lors fut la joufte commencee: la le firent tous les fei
gneurs. Et helie qui defiroit moult de joufter: difoit a fiperis
quil fe partift. Mais fiperis luy dift quil fouffrift encores vng
peu.Et quant helie vit il print vng efcu paint et baille le fien:
et fen alla joufter:et ce fift il affin que fiperis ne le cõgneuft: et
affena le conte de poictou tellement ql le porta bien enuirõ dip
piedz loing de fon cheual.puis fen renit:τ puis rebailla fon efcu
a celluy a q il auoit pris:tatoft endoctrina fes enfans:et entre
rent ou champ:τ jouʃta fiperis au duc dorleas le pere de fa me
re:tellement ql abatit par terre maiftre τ cheual. Et finable-
ment tant alla la iournee ql gaigna le pris. Et quant fe vint
au vefpre:le Roy dangobert tint court et p vint fiperis : et fes
dipfept enfans tout dune parure:lefqlz furẽt moult regardez.
Apres le foupper le roy demãda a fiperis dont il eftoit feigneur
et il luy dift ql eftoit de fouquarmõt. Le roy luy demãda apres
a qui il auoit faict hommaige. Puis luy demanda fon nom:τ il
luy dift quil eftoit nomme fiperis. Lors le roy veit la fleur de
lys que aultreffoys il auoit veue fur lefpaulle deptre. Si luy
demanda le roy Dangobert fil eftoit celluy quil auoit veu a la
court du roy dangleterre:lequel auoit tue ledit roy. Et fiperis
luy refpondit que fil lauoit tue:ceftoit raifon quil en mouruft.
Et le roy luy dift que non eftoit:et ҙce auoit efte en fon corpe
deffendant.Car on lauoit trahy. Adoncques congneut fiperis
tout le fait:et dift que ce auoit il efte vrayement. Et cõmenca
premieremẽt a fa natiuite:τ dift comment il eftoit filz du fre
re dagobert nomme phelippe:τ de Clarice fille du duc marcus
dorleans. Lors fut moult grande la fefte τ fonnerainement du
duc marcus dorleas.Et fut le roy de frãce moult dolẽt de fa
fille orable:τ la regrettoit biẽ fouuẽt:lẽdemain fe mift a voye
le roy Dangobert pour aller a fouquarmõt auerques fiperis
qui enuoya vng de fes filz deuãt pour parer le logis. Et quãt
les dames et damoyfelles ouyzent les nouuelles fe habillerent
pour parer tout.Mais orable fut moult dolẽte quãt elle ouyt
dire que le roy venoit.Si fift la malade:τ fe coucha fur fon lict.

Lors vint le roy qui moult fut noblement receu au disner. Et
puis apres demanda a siperis se tous ses beaulx enfans estoyēt
a luy. Et il dist que la mere disoit q̃ ouy: ⁊ il luy respondit pour
quoy la mere nestoit la: ⁊ que cestoit la coustume aux dames
et damoyselles de esiouyr les seigneurs. Lors sen vint Siperis
en la chambre de sa femme qui cuydoit la trouuer dormant. Si
ouyt quelle se douloufoit moult fort: disāt que se son pere le roy
la veoit quil la feroit occire. Lors regarda le Roy Dangobert
vng des enfans. Si dist a siperis qui ressembloit moult bien a
sa fille orable. Et requist le roy de veoir la mere des enfans.
Lors luy demanda siperis que sil veoit sa fille: si luy seroit bon
ne chiere. Et il luy respondit quil voul.... quil luy eust couste
la moytie de son royaulme ⁊ il la peult trouuer. Tantost sen
vint siperis en la chambre a orable ⁊ luy dist q̃lle se resiouyst et
quelle ne fist plus la malade. Et quelle vensist veoir le Roy
son pere. et elle se mist a deux genoulx deuāt son pere. Et quāt
le roy la veit il la congneut incontinēt. Et le roy lembrassa et
baisa moult doulcement. Lors luy demanda st siperis lauoit es
pousee. Et elle luy respondit que non/mais il lauoit fiancee. A
doncques demanda le roy a siperis sil la vouloit prendre a ma
riage. Et siperis luy respondit que sil luy venoit a plaisir q̃ la
prendroit moult voulentiers/ Lors fut le marche fait: ⁊ espou
sa Siperis Orable. Et furent tous les dixsept enfans nudz
dessoubz le drap. Adonc furent les nopces faictes qui furent
moult riches et moult nobles.

Pres ses nopces le Roy parla a Siperis de
plusieurs choses: et mesmement du fait du
roy dangleterre. Et quil auoit mal fait de
lauoir tue. Mais Siperis luy cōpta la trai
son que on luy auoit faicte. Parquoy le roy
le tint pour excuse: et mesmement gasselin
le conte de Poictu luy dist que son luy auoit
fait telle chose ⁊ vne telle traayson que ia
mais ne cesseroit iusques a tant quil sen seroit vēgie de ceulx
qui luy auroyent faicte ceste trahison. Et encores luy dist que
sil sen vouloit vengier quil luy ayderoit de dix mille hommes
Dont Siperis sen mercya. Et le Roy Dāgobert aussi luy dist
quil passeroit la mer auecques luy et luy ayderoit. Adonc sap

C. iiii.

pareillerent pour partir:et voulut siperis que Helie demou-
rast a Fouquarmont.Mais il ne voulut pas:et dist que il sen
yroit auecques luy.Si sen partirent trestous:et sen vindrent a
Boulongne que on appelloit adoncques haultemulle: a la en-
trerent en mer.Et nagerent tant quilz arriuerent a douures/
et prindrent le chastel.Puis vindrent deuant Lôbres.Et quât
ceulx de la ville les veirent:ilz firent clourre les portes.Et y
auoit vng seneschal qui y estoit commis de par Hermine qui
estoit en vne belle abbaye/lequel gouerna bien la terre et bel
pour luy.Lors ledit seneschal assembla les seigneurs et le
commun/et prindrent conseil de combatre:et quant siperis le
sceust il fist vne emb...deuers la nauire.Puis ordonna cinq
batailles:la fut gra...uemêt.Car ceulx de la ville yssirêt
encontre eulx.Mais siperis les vainquist: et mesmemêt quât
ilz cuyderêt retourner en leur ville: ilz trouuerent lembusche q
leur auoit couppe le passaige.En celle bataille Helie tua le
queus de vincestre/Et mesmes le seneschal que on appellopt
Buys fut naure a mort dung des filz de siperis. Ainsi fut la
cite de londres prinse:a y entra le roy dangobert/siperis a ses en
fans:a si tost quilz furent entrez:le roy manda hermine laquel
le vint bien hastiuement quant elle ouyt parler de siperis:a tâ
tost quelle fut venue au palays elle salua le roy incontinent.si
peris lalla accoller deuât chascun a luy crya mercy de ce quil a
uoit tue son pere:a elle luy dist quelle sen rapportoit au vouloir
du roy dagobert.Lors sassirent a menger: et fut hermine assi-
se deuuât le roy:a les enfans siperis seruoyent/elle demâda a
siperis se cestoiêt ses enfans:a siperis luy dist que ouy. a quât
elle vit ce elle veit bien quelle auoit failly a luy. Lêdemain fist
le roy dangobert tous les enfans siperis arrenger deuant her
mine/a luy dist quelle choisist de to⁹ les dixsept/lequel elle vou
loit auoir a mariaige/a elle dist deuant tous quelle vouloit a-
uoir celuy qui auoit nom guillaume.Pource quil auoit tel nom
q son pere:a lors fut fait le mariage de eulx deux : et lespousa
guillaume.Dont la feste fut grâde a fut couronne roy dangle-
terre/a vindrent tous les subgectz qui luy firent hommeige:et
luy promirent foy a loyaulte côme a leur seigneur naturel.A-
pres celle feste qui dura quize iours:se partit le roy dagobert a
siperis a amenerêt hermine a guillaume pour veoir le chastel

ou siperis demouroit. Et arriuerent a Boulongne/ et de Boulon
gne a fouquarmont ou hermine fut moult bien receue de sa cou
sine orable/ et de sa mere siperis. Lors dist le roy a siperis q̃ pour
ce quil auoit grant mesgnie et peu de terre/ Il donnoit toute la
terre de normẽdie a luy et a ses hoirs. Dont Siperis lẽ mercia
moult. A tãt sen voulut partir le roy pour aller a paris: mais
aincois adouba il/ et fist cheualiers tous les. vvij. filz de Sype=
ris/ et mesmes guillaume le nouueau roy dangleterre qui auoit
este faict cheualier aincois quil fust Roy fut renouuelle auec=
ques ses aultres freres. Apres se ptit lost et emmena le roy dã
gobert sa fille orable en france pour scauoir se sa mere la recon=
gnoistroit poit. Et emmena guillaume le roy dãgleterre/ et her
mine a Paris/ et Siperis/ et ses enfans/ et clarice auec. Et fist le
roy dãgobert crier par tout le royaulme vng tournay encontre
siperis/ et ses enfans pour les eyaulcer/ et fut le pris dũg leurier
dargent grant et esleue. Ainsi se partit Siperis de vineuaulx.
Cestassauoir de fouquarmont/ et ny laissa que .ly. hõmes q̃ eu=
rent moult a souffrir depuis son departement. Car vous auez
bien ouy dire comment siperis tua le roy de nouergue/lequel a=
uoit vng frere que on appelloit galladre qui scauoit biẽ que Si
peris lauoit tue/lequel demouroit ou chastel du geant/ Et que
lung de ses filz auoit espouse hermine/ Et quil estoit roy Dan=
gleterre/ Si iura quil passeroit la mer et quil suyuroit siperis.
Et mettroit a mort luy/ et tous ses enfans : et que se dangobert
luy vouloit aider quil arderoit toute france. Adonc manda gal
ladre ses hommes par tout le royaulme de nouergue: et au roy
dallemaigne quon nommoit ardouffle/ et au roy de frige:et au
roy de dannois que tous assemblassent leur pouoir/et sen venis
sent vers le roy de nouergue. Et quant ilz furent tous assem=
blez ilz estoient bien cent mille. Lors se complaignit Galladre
de siperis/ et de tous ses enfans a eulx/et leur dist quil auoit tue
son frere/ et le roy dangleterre. et leur rõpta tout le fait. Et ilz
luy respondirent quilz luy aideroyent voulentiers a soy vẽger.
Lors se mirent en mer:Et Siperis qui de tout ne scauoit rien
estoit a Beauuais auec le roy dãgobert et sen allerent de Beau
uoys a paris. Adonc fut crie par tout le tournoyement/ et quãt
dãgobert fut venu a paris la royne eut moult grãt ioye. Lors
sassirẽt au disner/ et fut la belle orable assise deuant la royne sa

mere qui moult la regardoit. Et quant elle leut bien regardee
elle dist au roy quelle ressembloit bien a sa fille qui iadis fut ba
nye dont encore luy faisoit mal. Adoc le roy luy compta tout le
fait ꝗ la traison ꝗ de siperis. Lors fist la royne grãt feste,puis
alla baiser sa fille,et la y eut il grant ioye. Apres ces choses
vint le tour du tournoy qui fut moult noble et riche. Et y fu
rent les enfans Siperis tous en armes de semblables armes,
Cestassauoir lescu borde dasur,et le champ dargent a vng vert
arbre ou meilleu,ꝗ vne fleur de lys au dextre,ꝗ rosettes au se
nestre comme dit est. Et si auoyẽt timbres gentilz dargent:et
petites hachettes de fin or semees tout par tout la conicle. Et
tout ce firent il pour lamour de Helye le charbounier. Et ses
gens firent paindre leurs escus dasur et de haches dargent ou
meillieu pour ce quilz virent que tant de villains seigneurs
estoient a ce tournoy:et estoient des charbonniers vingt cinq.
Et estoient pres du tournoy comme les enfans de Siperis:et
les alloient coustoiant par derriere pour les garder. Tout pre
mieremẽt se deffrenga vng conte dalemaigne,ꝗ auoit de sa rou
te trente cheualiers,et huyt banieres. Celuy fut desmonte de
Guillaume le nouueau roy Dangleterre et gaigna son cheual
dont la royne Hermine qui estoit sa femme fut moult ioyeuse.
Et mesmes desmonta le Roy Dallemaigne. Et semblable-
mẽt ledit Roy Guillaume gaigna le pris a celle tournee. apres
le tournoy failly on fist vng banquet. Et lendemain fist Sipe
ris crier vnes ioustes royaulx des enfans de Vinsuaulx con
tre tous venans. Et celuy qui iousteroit le mieulx de ceulx
de dehors il auroit vng leurier dargent massif. Adoc fut chas
cun resiouy,et se y appareilla chascun au mieulx quil peult. En
tre ses entrefaictes le roy de nouergue et ses gens passerent en
mer,et vindrent armez a Vincenesel et prindrent la ville,car
ceulx de la ville se rendirẽt pour sauluer leur vie et leurs biẽs
Et aussi ceulx de Pertennie:et ceulx du chastel de Douures,
Mais aincoys y eust il vng grant assault. Car il y auoit de
dãs beaucoup de soudoyers,mais ilz furẽt souprins. Car quãt
ilz furent hors le roy des Danoys les fist trestous tuer. Tãt
alla la chose que en mains de quinze iours tous pors et passa
ges dangleterre furent prins ꝗ mis en garde. Le roy galladre le
fist affin que se Hermine ou le roy son baron ne siperis venoyent

quilz ny peuffent rentrer nullement. Et puis fe mirēt pour al
ler Vers londres:ꝗ quāt ilz y furēt ilz fe mirēt a affaillir la Vil
le:ꝗ ceulx de dedās fe deffendirēt moult Vaillamment. Mais
en la fin ilz fe rendirent au roy de nouergue feurs corps et leurs
Biens faufz/Et finablemēt mift toute angleterre en fon obeyf
fance/ꝗ luy promirent foy et loyaulte que iamais ne obeyroiēt
a fiperis ne a guiffaume fon filz qui auoit efpoufe Bermine/ꝗ
en eftoit roy. Si print cōfeilz le roy de nouergue de paffer la mer
et de Venir affieger le chaftel de fouquarmont:ꝗ dirēt fes trois
aultres roys ꝗ luy aydetoient a Bataiffer et fi longuemēt quil
auroyent mis a mort fiperis. Les troys roys eftoient le roy de
dannoys:le roy dallemaigne:ꝗ le roy de frife. Lors fe mirent en
mer. Et menerent auec eulx grant foifon de feigneurs dangle
terre/ꝗ firēt tāt quilz arriuerent au trefport ou il y auoit Vne
petite Villete quilz ardirent:ꝗ puis cheminerēt tant quilz ar
riuerent deuant la Ville de Fouquarmōt. Si ardirēt toute la
Ville.et puis affiegerēt le chaftel ou ilz y auoit enuirō cēt hom
mes de deffence ꝗ eftoient Bien fournis ꝗ oftorez dabillemens
de guerre ꝗ de Vitaille/ꝗ fi toft quilz Virent ce ilz mirent cinq
hommes feurs quilz enuoyerent haftiuement a Paris pour cō
pter toute la Befōgne a fiperis ꝗ gueres ny pēfoit/ mais eftoit
en ioye et en confolation: et faifoit touftes et efBatemens. Et
quant il fceut les nouuelles il requift au roy fecours ꝗ aydesle
quel roy demāda par tout fon royaulme autant quil en peuft
finer:et mefmes fift Venir moynes et religieux en celle armee.
Puis affembla to⁹ les nauires des pots ꝗ y mift gens darmes
dedans a puiffance. Ceftaffauoir geneuoys/lofquains pullois
puizflaulx puains Beniciēs ꝗ aultres:ꝗ furēt Bien foipante
mille:ꝗ y eftoit crie larriere Ban:et repplecterent tant quilz ar
riuerent au trefport ꝗ fiperis chemina tant quil Vint en Vine
uaulx affez pres de loft au roy de nouergue. Lors enuoya fipe
ris aud roy par cōfeil Vn meffagier:ceftaffauoir le roy falemō
de Bretaigne pour prēdre iournee de Bataille/ laquelle fut affi
gnee a lendemain au matin. En celle nuict fift le roy de nouer
gue defcendre trefz ꝗ pauilfōs/ꝗ or ꝗ argent ꝗ mettre ꝗ porter
tout en nefz:ꝗ en Barques/Affin que fil auoyent du pire ꝗ fen
peuffent aller en angleterre a fauuete/mais ilz ne fcauoiēt pas

que Dangobert le noble Roy de France fust si pres deulx en
la mer quil estoit.

Dant se vint lendemain les ostz sassemblerent
en moult cruelle bataille / Et conduisoit guil-
laume le Roy Dangleterre qui estoit filz de si-
peris laudgarde / Lequel tua le roy Dallemai-
gne / Et le petit Siperis tua le Roy de dannois
La fut grant noise et tenson / Et moult la firet
bien les dixsept filz Siperis: Et le charbonnier Helie ne se fai-
gnit pas. Tant dura la bataille que la nuict vint que retrai-
cte fut sonnee: ꞇ perdit bien Galladre cinquäte mille hommes /
Celle nuict print conseil Galladre de sen aller en son nauire /
Mais le Roy Dangobert estoit la arriue au Tresport qui a-
uoit fait mettre tous ceulx a mort qui audyent en garde la na
uire Galadre / Et quant ce vint lendamain Galladre cuyda
sourprendre lost Dangobert / mais il y auoit vne espie ꝗ lay vit
dire: que Galladre venoit sur luy. Lors manda Siperis affin
quil vint de lautre coste pour lenclorre. Aussi vindrent les
ostz lung contre lautre et fut grant bataille et y perdit Galla-
dre / et cuyda retourner vers son nauire / mais le roy Dagobert
sen vint a lencötre. Si luy escria quil demourast: et Galladre
luy requist la bataille contre luy corps a corps par telle condi-
tion que sil estoit vaincu il arderoit ou que on le feist mourir de
quelque mort quil plairoit au roy. Et lors Dangobert lacor-
da: et tellement se combatirent le roy Dangobert et le Roy
Galladre que ledit roy Galladre fut vaincu: ainsi fut vain-
cue la bataille: et senfuyrent les gens dudit roy Galladre: et
ilz furent fort poursuyuis et tous mis a mort: Et le noble Si-
peris de Vineuaulx tua le Roy de Frise: ꞇ print aussi quatre
contes et vng duc. Lestassauoir le duc de Cornouaille / le noble
Lyquens de Hantonne: et aussi le conte de VVariuch. le queus
de Cloreftre: le Conte de Lenclastre. Et en fist on vng pre-
sent de tous au Roy qui les fist tous mettre en prison auec le
Roy Galladre. Puis entrerent tous en mer. Apres ce ꝗ le no-
ble Siperis eut entre en son chastel et mis garde / et sen vin-
drent arriuer a Donures ꞇ lassiegerent. Mais il y auoit vng

chastellain nomme guillemer que gallabie y auoit mis/lequel
estoit moult courageux ⁊ hardy.lequel deffendit bien le chastel
a cest assault premier.Et quât la retraicte fut sônee le roy eut
conseil quilz laissassent le siege:et sen allassent vers londres:
et quilz feissent vestir guillaume le roy dângleterre des armes
de gallabie:⁊ que par ce ilz cuyderoient que ce fust gallabie.Et
ilz laltropêt vingt mille de leurs gens en leurs nauires:lesqlz
propêt de nuict/affin q ceulx du chastel de douures ne le sceus
sent/et en seroit capitaine gallehault le filz de siperis q enuoye
roit vingt ou trente hommes courir deuant le chastel affin que
se ceulx du chastel yssoyêt sur eulx qui se fissent chercher iusqs
a leur nauire. ⁊ par ainsi ilz seropent enclos et prendropent le
chastel.Ainsi fut il fait/si se deslogerêt et cheminerêt tât vers
londres quilz y arriuerent:et ceulx q estoient demourez au na
uire enuoperent trente hommes courir deuât le chastel/⁊ quât
guillemer le chastellain vit ce/il assembla ses gês:⁊ iura quil
arderoit le nauire du roy/et tueroit tous ceulx qui le gardoient
Lors yssirêt du chastel quatre cês q chasserêt les trête dessus
dictz iusqs aupx du nauire:puis aps saillirêt gallehault ⁊ ses
gens q les retournerent et misrent tous a mort:et eut Helie le
charbônier tue le chastellain quant gallehault luy dist quil le
print en vie/⁊ si fist il. Lors se mistrent a chemin ⁊ allerent vers
le chastel/et entrerêt dedans.Car le chastellain ny auoit laisse
que vingt hommes de deffense:⁊ prindrent le chastel.car chas
cun cria mercy/⁊ leur laissa gallehault la vie.Et ainsi fut pris
le chastel de douures:⁊ y mist gallehault de ses hôes grât foy
son pour garder la place.Puis entra ou nauire:⁊ nagea tât ql
vint a vincenezel ql prindrent a force:⁊ laisserent leur nauire
et monterent a cheual:et cheminerent deuers câtorbie.Et me
nerent le chastellain Guillemer: et en fist Gallehault present
au roy Dâgobert:⁊ a Siperis son pere q estoiêt deuant la cite
de Câtorbie:laquelle ilz auoient assiegee.Mais par le sens de
seuesque.dicelle cite qui remonstra au peuple le fait:ilz se rendi
rent au roy q entra dedâs luy ⁊ ses gens. Et puis print le roy
vng messagier quil ennoya en france pour querir Hermine la
royne affin quelle vint en Angleterre deuers eulx:landemain
fist le Roy mouuoir tost/⁊ cheminer deuers Londres qui estoit

Siperis   D.i.

moult bien garnie de gens ⁊ de vitaille.Si eurent cõseil par ce
de vestir guillaume le roy dangleterre:⁊ cinq de ses freres des
armes de galladie/et des aultres princes qui y estoyent auec
ques luy.Qui prindrent seize ou vingt mille hommes de leurs
gens auecques eulx ⁊ vindrent deuers londres.Et quãt le ca
pitaine de londres eut nouuelles que on nõmoit sansadoine Et
quil les vit il cuyda que ce fut Galladie son frere qui reuenist
et qui eust eu victoire contre Siperis ⁊ quil le amenast.Si fist
yssir le commun peuple de la ville en moult bel arroy sans ar
mures/auecques mille paires dhabis ⁊ de ioyaulx.Et vindrẽt
a lencontre deulx.Et quant sadoine sapproucha Guillaume
le roy dangleterre le salua moult humblement.Et luy demã
da sil amenoit auecques luy siperis:⁊ comment la chose alloit
Et Guillaume luy respondit que ouy quil lamenoit.Et quil
fist ouurir les portes de la ville de Londres. Et quant ilz fu
rent entrez dedans ilz en mirent plusieurs a mort:⁊ fut prins
Sadoine/Et douze des aultres bourgeois de la ville des plus
principaulx lesquelz le commun occupa de la traison:⁊que par
eulx ilz auoyent relinque le roy Guillaume. Landemain on
leur fist coupper les testes auecques Galladie:et aultres con
tes dessusdictz:⁊ Guillemer le chastellain de Douures.Apres
la iustice faicte seiournerent en la ville huit iours/et en ce tẽps
pendant vint Hermine la Royne et Diable la femme de Supe
ris:et arriuerẽt en Angleterre.Et fut remise Hermine ⁊ Guil
laume dangleterre en son royaulme et en leur seigneurie:⁊ se rẽ
dit tout le pays:et si reuint tout en leur obeyssance.

Pres se partit lost ⁊ en alla vne partie par
mer ⁊ lautre p terre tãt q̃lz vindrẽt en escos
se ou ilz furẽt moult bien receuz du roy de a
cosse que on appelloit Andrieu qui estoit cou
sin germain du roy dagobert: ⁊ auoit deux
pucelles auecq̃s luy:Lune q̃stoit sa fille ⁊
õn nõmoit simõne.Lautre estoit fille du roy
dirlãde q̃l bailla au roy pour les marier a sa

voulẽte.Il donna Simõne a Paris le filz de Siperis : ⁊ dirlã
de a Maurry son frere:la fut grande la feste:⁊ dura huit iours:

et fut en aspre dame la cite. Aps rëtra en mer siperis: q le roy des
cosse q scauoiët le pays. Et le roy Dangobert chemina p terre
luy q ses gës deuers nouergue. mais siperis y vit deuāt luy en
dānemarche: q assiega vng chastel nōme barbasane q vng nō
me Guyō tenoit q estoit frere au roy de dānois q auoit este tue
deuāt fouquarmōt. Et quāt il vit ql estoit assiege: il vit bien
ql ne pourroit resister cōtre siperis. Il luy manda q sil vouloit
liurer champion qui se voulsist combatre a luy/ par condition
que sil estoit vaincu il rendroit tout le pays q son corps en son
habandon. Et sil vainquoit le champion il luy lairroit son pa-
ys q sen proit luy q tout son ost: q il accorda. Lors sarma Guy-
on et vint au champ. Adoncques Helye le charbonnier requist
ql fist la bataille: q Gracien le filz de Siperis le requist apres.
Mais elle fut accordee a Helye par ce quil requist deuant. Mais
gracien fist tant a la priere de siperis que Helye luy accorda quil
le fist. Lors sarma gracien et vint encontre Guyon q se comba
tirent moult vaillamment. Car lung q lautre estoient moult
hardis q courageux. Mais en la fin fut guyon vaincu q ame-
ne vif ou tref de siperis. Puis luy demāda Siperis du chastel
et de tout. Et luy demanda sil estoit droit sire du pays. Et sil
auoit point daultre heritier q luy. Et il luy dist ql y auoit vne
ieune damoyselle que on appelloit sallemonde qui est ma niep-
ce pource iay garde le mieulx que iay peu ceste region. Lors luy
dist siperis quil la feist venir deuant luy: q il luy accorda sur sa
foy quil lalloit querre: q la trouua Guyon moult pensiue: q la
mena deuers Siperis. Et luy dist quil auoit este vaincu: q que
se siperis ne leur faisoit grace que ilz estoient en grant dangier.
Lors fist yssir tous les hommes nudz en leurs draps linges et
toutes les femmes dames q damoyselles emmātelees comme
en dueil q sen vindrent ainsi passer par deuant siperis: q adonc
quant il veit ceste grande humilite il les feist trestos reuestir q
habiller. Puis parla a Sallemonde la pucelle et luy dist si elle
auoit foy ne contuenance a personne: et elle dist que non. Lors
la fist fiancer et espouser a Gracien son filz. Et quant Helye le
charbonnier veit ce il fut moult dolent q courrouce de ce quil na
uoit faict le champ de bataille. Car il le dist bien que sil eust
fait il eust eu Sallemonde la belle pucelle. Adonc furët moult

grandes les nopces ꝗ la feste. Et apres celle feste fist partir si-
peris lost pour aller en nouergue ꝗ pour aller apres Dagobert
Et laissa a marbasane quatorze cēs hommes en garnison Et
en fist capitaine guyon qui en fist tresbien son devoir ꝗ gracien
emmena sallemonde auecques luy. Et cheminerent tāt ꝗlz vi-
drent en nouergue:ou ilz trouuerent le roy Dagobert. Auquel
ilz compterent tout le fait de marbasane ꝗ du pays de Danne-
marche dōt gracien estoit seigneur ꝗ de Sallemonde: ꝗ de tout
ce quilz auoient fait. Lors demanda le roy a veoir Sallemonde
et on luy amena incontinēt. Et quāt il la veit il fut moult loy-
eulx. Si leur monstra florence vne damoyselle qui estoit seur
au feu roy de nouergue/ꝗ seur de galladre/Car il auoit conqui-
se toute la terre de nouergue aincois que Siperis venist. Si de-
manda a sallemonde selle congnoissoit point florence. Et elle
luy respondit que si faisoit ꝗ que cestoit sa cousine germaine/et
que sa mere et la sienne estoient seurs germaines. Adoncques
dit florence au roy quelle luy prioit mercy/ꝗ quelle estoit desshe-
ritee sil vouloit. Adōc luy respōdit le roy quil luy dōneroit ain-
cois de sa terre mesmes quil luy ostast riens du sien. Et quil la
marieroit a vng de ses nepueux. Cestassauoir a bousicāt le filz
siperis :ꝗ aussi fist il: ꝗ feist on les nopces en la cite dalgo qui
estoit la maistresse cite de nouergue:la luy firēt hommaige to⁹
les subgectz du royaulme Et y mist par tout gardes es chaste-
aulx ꝗ forteresses. Puis fist le roy mouuoir lost ꝗ entrer en mer
et singlerent deuers le pays de frige:ꝗ vindrent arriuer deuant
la cite destalle qui estoit moult forte:ꝗ enuirōnee dung bras de
mer. Lors yssirent des nefz ꝗ tendirent trefz ꝗ pauillōs deuāt
la ville ou il y auoit gens de merueilleux affaire. Car on ny en-
uoyoit nul messaigier a qui ilz ne creuassent vng oeil:ou coup-
passent vng poing ou vng pied:ou vne iambe:ou vne oreille.
Et quant le roy le sceut il fut moult esbahy. Car on luy dist ꝗ
quāt ilz tuoyent ou blessoyent bestes que ilz beuuoient le sang
tout chault ꝗ mengeoyent la chair vng bien peu cuyte:ꝗ alloy-
ent les gens a grant peine a leglise vne fois en vng an. Quāt
ilz furent assiegez ilz enuoyerent vng messagier pour scauoir
pourquoy on les assiegeroit ꝗ quilz nauoient riens mesfaict:Et
que se leur Roy auoyt aulcune chose mesfaict: ilz le vouloyent

amender.Et le roy leur māda quilz se rendissent a sa voulēte:
et la terre:gens ꝗ puissance pour auoir secours.Lors fist le roy
assieger la cite destalle ꝗ ilz se deffendirēt moult vaillammēt
Et aps lassault fut retraicte sonnee.Lors reꝗrēt ceulx de la
ville treues au roy six sepmaines par telle condition que silz na
uoyent secours dedans sept sepmaines ilz se rendroyent eulx et
la cite en la voulente du roy. Et de ce baillerent ostaiges:ꝗ le
roy leur accorda.En ce pendant se assamblerēt moult de grās
gens.Cestassauoir le duc doctrise qui auoit biē vingt mille hō
mes.Le conte de hellande que on nōmoit henry/ꝗ vaulbrine
duc de bauieres.Le conte de mōs.Le cōte de la montoye. Le pri
ce rābourt.Et geram de sorēce:et hardins son frere: ꝗ aussi plu
sieurs aultres:tant quilz estoient biē soixante:lesquelz se mi
rent en voye pour venir sur lost du roy de france.Et si tost ꝗlz
furent partis vng espie sen vint au noble siperis qui luy com
pta tout le fait du secours. Et tantost apres siperis le com
pta au roy dont il fut moult ioyeulx/ car ilz auoyent chier la
bataille.Adonc dist siperis au roy quil auroit en sa compai
gnie rommains/sciliōs/lombars/geneuoys: toulouzains/vi
sans:bordelops:bardonoys/carcassonnoys/herbōnoys: ꝗ se trou
ueroyent deuāt la ville.Et siperis ꝗ ses enfans feroient lad
uantgarde contre les allemans a vingt mille hōmes darmes
Et le roy luy accorda.Celle nuict fist le noble siperis le guet:et
le landemain au matin fist adouber ses gens.Et ordonna biē
ses enfans ꝗ les admonnesta de bien faire:et sen vindrent cōtre
les Allemans/la fut moult grande bataille.Et p fut prins le
queus duc de mons.Et celuy de hollande.Et finablement ilz
furēt tous descōfitz:ꝗ le roy dangobert qui estoit aupres de la
ville se combatit moult vaillammēt a ceulx de dedans qui ys
sirent dehors:et fut tue le capitaine que on nommoit rigault.
Puis sen allerent le duc de bretaigne ꝗ le duc de bourgongne a
la porte de la ville/ꝗ puis entrerent dedans: ꝗ mirent les ban
nieres du roy de france:et ainsi fut la ville prinse.Et les frisōs
et allemans descōfitz puis apres māda le roy que on ne tuast
ne femmes ne enfans/et fist venir tous les prisonniers deuant
luy/ Cestassauoir lequeus de mōs ꝗ le duc de hollande.Lors de
manda le roy au conte de hollande sil nauoit ne filz ne fille:ꝗ il
D.iii.

luy dist quil auoit vne tresbelle fille nommee Auisse. Lors luy
dist le roy que sil la vouloit donner a enguerray son nepueu q
feroit de sa racon q il laccorda. Lors fut la damoiselle mädee
et si tost quelle fut venue enguerray lespousa. Et y eut moult
grant feste. Ainsi fut enguerray couronne roy des frisons/et fut
moult gräde la feste q en ce pendant celle feste lempereur dal/
lemaigne ouyt parler comment le roy dangobert auoit ses fri/
sons et allemans assaillis. Si assembla des gens bien trente
mille q vint pour mettre a mort le roy dangobert et siperis.
Et quät ilz le sceurent se appareillerät pour eulx mettre en ba
taille q requist loys le filz du noble siperis de cõduire laduant/
garde q que il se faisoit fort de prëdre lempereur. Et le comba/
tit luy et ses gës tellemët quil le print/et en fist present au roy
dangobert qui en fut moult ioyeulx de ce que loys son nepueu
auoit fait telle prinse que de prendre lempereur dallemaigne.
Et quät il fut prins toutes ses gens en furët des hartez. Ain
si fut toute la bataille vaicue. Et quät se vint au soupper dä
gobert dist a lëpereur quil fist tousiours bonne chiere. Et lem/
pereur dist quil vouloit veoir celluy qui lauoit prins. Car il
cuidoit bien q se feust vng bouquillon pour ses hachettes quil
auoit paint en son escu. Et le noble roy dangobert luy dist q ce
nestoit point vng boquillon/mais estoit le filz de siperis q que
cestoit son nepueu. Lors fist le roy to9 les dixsept enfans venir
lesquelz vindrët vestus tous dune parure. Et quant lempe/
reur les veit tous il demanda leql cestoit et il senclina deuant
lempereur et lempereur luy dist ql ne deuoit pas ainsi faire a
son prisonnier/et loys respädit que ce nestoit pas son prisonnier
Et que se il luy plaisoit il le remeneroit lëdemain en son pays.
Et quät lëpereur ouyt ce il luy en sceut moult bon gre q dist q
luy renderoit celle bonte quel luy vouloit faire/ et dist lempe/
reur quil auoit vne tresbelle fille/qui luy donneroit a mariage
que on nommoit arragonde q ql le couronneroit roy du royaul
me dallemaigne: mais il retiëdroit lëpire sa vie q apres sa vie
loys lauroit dont loys len mercia. Et tätost fut sa fille mädee
laquelle vint a grät compaigne de dames q damoiselles/ et si
tost quelle fut venue loys lespousa par la main de larcheuesq
descalle et pour renforcer la feste fist siperis crier vnes ioustes

Et deuoit luy et toys recepuoir tous venans. Et au mieulx
ioustant donner ung pallesfroy ou quatre cens liures.

Ors sadouba lempereur mesmes (et le roy da-
gobert pour iouster a ces ioustes qui moult
furent ioyeuses: (et y iousta ourfaire lempeur dal-
lemaigne a siperis/ (et dagobert a son nepueu
roy dangleterre/mais en la fin iousta helie le
bon charbonnier tellement q gaigna le pris de
par les dames (et luy fut donne:lors fut gran-
de la feste au souper: (et lendemain vint ung
messagier a lempereur ourfaire q apporta nouuelles q phelippe
de hongrie q auoit espouse sa niepce des le temps de charles son fre
re roy de hongrie q sauoit long temps seruy:laqlle niepce auoit nom
alis:si estoit assiege des payes en la cite de montost du roy de
cipre q le auoit enchasse par trois fois hors de hongrie/mais il
auoit depuis recouure si grat secours de gens q se on ne le secou-
roit il estoit en dagier destre desherite:leql il prioit destre secou-
ru hastiuemet. Et quat lempereur ouyt ce il reqst a dagobert et
a siperis qlz allassent auecqs luy pour secourir phelippe. Or
estoit phelippe pere de siperis/mais siperis ne le scauoit pas: le
roy siperis (et le roy dagobert estoiet pres dy aller quat ung au-
tre messagier de frace reuint q apporta nouuelles a dagobert
comet mapimes le roy de nauarre auoit assiege la cite de pa-
ris (et les auoit la mis en tel estat que on y vendoit ung pain
dung denier quatre solz parisis : et encore se neust este lequeus
de dampmartin quiles combatoit (et qui sailloit aulcuneffoys
sur eulx ilz eussent este en moult grat dangier. Et quat dam-
gobert ouyt ces nouuelles Ilz eurent conseil de retourner au roy
aulme de frace pour secourir son pays (et ourfaire lempereur re-
quist quil eust helie le bon charbonnier auecqs luy a tout dix
mille hommes qui eussent euz plus chier de reuenir en france.
Mais ilz nosoiet courroucer siperis. Ainsi se partit le roy (et lem-
pereur ourfaire et se mist dagobert en mer / et siperis (et ses en-
fans/(et les sept roynes. Cestassauoir les sept femmes des sept
freres qui estoient tous roys et enfans de siperis. Tant nage-
rent quil arriueret au tresport puis vindrent a fouquarmont:
Ou il trouueret la mere de siperis et orable sa femme qui fut

moult ioyeuse quant elle veit le noble siperis/et ses dixsept en
fans. Lors demanda clarisse a siperis son filz Sil nauoit point
ouy nouuelles de phelippe le sien pere/et il dist que non et quil
pensoit quil estoit mort/mais elle respondit que non et quil luy
sembloit quil viuoit encores et quelle auoit songie quil estoit
enclos en vne grande praerie ou il y auoit de grans serpens/et
que plusieurs lyós et lyepars y estoient venuz pour le desiurer
mais ilz nauoient peu iusques a tant que il y estoient allez en
personne/et quil luy sembloit quil estoit encores en vie. Apres
ses choses se mirent a chemin. Et cheminerét tát quil vindrét
a montmartre/lors sarmerét a vng matin et sen vindrét frap
per en lost des payés qui assailloiét fort la cite de paris. Qui
ne se doubtoient point que le roy feust si pres deulx quil estoit.
La furét tous les payens vaincus/et senfuyt le roy mapimes
de nauarre/ā celluy de porting al. Lors entra le roy dagobert a
paris qui fut moult noblemét receu:ā tint court huyt iours ā
feste apres celle feste siperis et ses enfans reqrist au roy congie
de aller en vineuaulx et le roy luy accorda ā luy bailla vng filz
qui auoit nom loys pour lēdoctriner ā luy dist quil lemmenast
auecques luy et siperis dist quil en feroit comme du sien propre
Ainsi se partit siperis ā ses enfans ā emmena loys filz du roy
dāgobert dont il fist que fol. Car quát il fut reuenu a fouquar
mont il assembla ses gés ā tint court:et fist maistre dhostel de
sa court vng nomme robert ā estoit filz du conte de marle nō
me prore ā helie le charbonnier auoit tue quant fouquarmont
le geant fut occis. Car il estoit des gés dudit geant et quant il
fut occis siperis dōna aumarle a helie. Si y alla siperis et trou
ua ce robert petit enfant āl fist nourrir ā tenir alescolle tant et
si longuemét que cestoit vng des bons clercs ā on peust trou
uer/lors si le vouloit faire siperis archeuesque de rouen/mais
robert ne le pouoit aymer ne helie aussi/mais biē disoit en son
couraige āl luy pourchasseroit sa mort et a ses enfans et a he
lie/ā tellement āl sabuisa de destremper venin. Ainsi fist il et
tant āl le fist cheoir dedans la couppe de siperis que le varlet
du chamberlan tenoit:lors le bailla ledit varlet au chāberlan
et le mist le chamberlan deuant siperis et la fut tant que sipe
ris eut voulente de boire. Si le print mais pource quil y auoit

trop peu de vin:il le fist boire audit chamberlay: puis le fist re
plir.Et a celle heure voulut boire Loys le filz du roy Dango
bert.Si luy bailla Siperis sa couppe a boire qui a nul mal ny
pensoit/Ains le faisoit pour lhonneur du roy Dangobert:puis
beut Loys:Et apres voulut boire Siperis:mais dieu ne vou
lut pas encore sa mort.Car ainsi ql vouloit boire il vit son chã
berlay cheoir a terre tout mort.Si apperceut bien quil y auoit
traison:si se leua pour scauoir que cestoit:ꝗ en soy leuant il fut
tout esbahy quant il vit Loys pareillement cheoir comme lau
tre.Lors fut moult grande la criee de Siperis et de sa femme:
mais oncques ne peult scauoir qui ce auoit fait:par ce Robert
qui estoit tãt soutil ꝗ malicieulx/et pource quil faisoiꞇ si grãt
dueil quil sembloit a le veoir qui ny eust en la compaignie hõ
me si courrouce comme luy.Et mesmes dist a Siperis que cel
luy qui ce auoit fait ne pouoit pas estre loing/ꝗ quil auoit fait
fermer les portes du chastel affiɳ que nul nen yssit iusques a
ceꝗ oɳ scauroit la desloyaulte:par ce fut Siperis deceu:Car il
ne creoit eɳ aultre que eɳ se Robert.Et encore se aduisa sedit
Robert de mettre sus celle traisoɳ au varlet du chamberlay.
Et dist quil luy auoit ouy dire que soɳ maistre luy auoit don
ne vng coup de bastoɳ:ꝗ que sil pouoit il luy tolliroit la vie:et
pource auoit il fait la poisoɳ.Et de fait fut mis le varlet a la
gehaine/ꝗ luy fist oɳ dire par gehainer par force que ce auoit il
fait:ꝗ fut pendu et traine au gibet.

Pres eut Siperis conseil que le corps de Loys fut en
oing/et de lenuoyer a Paris par deuers le roy Dan
gobert:et de enuoyer gens pour luy eycuser de ce fait
Et y alla le conte Deureux/et le conte de Longueuil
le. Et le mirent eɳ vne litiere ꝗ puis seɳ allerent a
Paris ou ilz trouuerẽt le Roy Dãgobert/ꝗ la royne qui deme
noyent moult grãt dueil pour Loys leur enfant.Lors fut mis
eɳ sepulture:ꝗ dist le roy Dãgobert que Siperis lauoit empoy
sonne affiɳ quil fust roy apres pource quil auoit espouse sa fil
le:ꝗ que mal lauoit pense ꝗ lappelloit bastard.Et fiãblemẽt
par le hendichement du filz du conte de Prouuance ꝗ du filz du
conte Destampes lesquelz estoient enfans des deux traistres
qui suiuirẽt Drable et lesquelz il mist a mort au boys/Le roy
assembla bien soyxante mille hõmes/ꝗ y estoit Marrus le duc

Dorleans/la estoit le roy Darragon/le roy Darmenie/le roy de
Paute que on appelloit iosue/le duc de Vanneuise/ῷ le duc de ca
labre:et le duc daquitaine/et le duc de Bourgongne q̃ naymoit
point trop le roy/ne Siperis pource que son pere auoit este tue
pour la fille du roy. Neantmoins pour la doubte y vint le duc
de Bourgongne/ῷ bien douze contes. Lors se mirent a la voye/
et firent tant quilz vindrent en vineuaulx sans deffier Si
peris:et prindrent leurs propes et amenerent auecques eulx.
Lors sen fuyrent les gens au chastel et compterent toute la be
songne a Siperis : lequel sen esmerueilla moult de ce q̃ le roy
ne lauoit point fait deffier:mais nonobstant ce par le cõseil de
Diable sa femme et de ses sept roynes qui estoient encores en
son chastel. Il enuoya huyt messaigers a ses sept enfans roys.
Et quãt se vid le demain au matin que les Frãcoys approuche
rent de fouquarmõt/Gallehault dist a Siperis son pere que sil
pouoit oster leurs propes et les bouter au chastel quil seroit bõ
Si se accorda Speris de saillir sur eulx:ῷ tant quilz entendoiẽt
de ficher leurs panchons et leurs tentes en terre. Lors yssirẽt
bien dix mille qui sen vindrent ferir en lost des Francoys:ῷ en
mirent bien douze cens a mort. Et si mirent dedans leur cha
stel des vaches/des brebis/des pourreaulx/ et des garnisons
assez pour deux ans. Et quant le roy vit ce il fut moult cour
rouce. Car siperis nauoit pas perdu seize de ses hommes. Lors
fist dangobert faire des engins par charpentiers pour assaillir
le chastel. Et en tant que on faisoit ce vindrẽt les sept roys fre
res:ῷ amenoit le moindre dix mille hõmes. Cestassauoir Guil
laume le roy dangleterre/Gracien le roy des dannois/Bonci
quant le roy de nouergue:ῷ Paris le roy descosse/Enguerrã le
roy de frise/Amaurrie le roy dirlãde:ῷ Loys le roy dallemaigne
qui auoit espouse la fille de lempereur oursaire: tou⁹ ses enfans
vindrent pour secourir leur pere siperis. ῷ sen vindrent tous lo
ger au plus pres des tentes du roy de france. Et quant le roy
de frãce le sceut il fut moult esbahy:ῷ prisa moult fort le harde
mẽt ῷ le couraige de siperis ῷ de ses enfãs:mais la mort de sõ
filz ne pouoit oublier. Si en hayoit tãt siperis que il disoit quil
le destruiroit. Et Siperis fut moult reconforte quant il ouyt
nouuelles de ses sept enfans. Si dist il bien que se le roy de frã

ce luy faisoit quelq̃ grief q̃ se reuencheroit cõtre luy. Celle nuict
enuoyerent ses sept enfans a siperis leur pere Vng messaigier
pour luy dire que landemain ilz assauldroient le roy de france/
et siperis leur manda quilz gardissent bien quilz ne meissent le
roy a mort: ⁊ le roy dangobert ordonna ses batailles: ⁊ les sept
roys aussi/⁊ lendemain se combatirent fort et ferme: et y eust
moult grande occision: ⁊ fut finablement prins le roy Dango-
bert:⁊ marcus le duc dorleans q̃ estoit le cayon siperis:⁊ furēt
menez dedans le chastel de fouquarmõt. Et quant se vint au
soupper Siperrs honnoura moult le roy:⁊ luy pria moult de la
paix en soy excusant de la mort de son filz:⁊ en disant q̃ sur son
ame il nauoit oncques pēse a la trahison:⁊ orable sa fille aussi
len pria moult. Mais le roy dist quil nen feroit ia riēs. Lors le
bailla siperis a orable en garde:⁊ luy chargea bien q̃l̃ neschap-
past:⁊ mesmes le bailla a lhomme du monde ou plus se fyoit.
cestassauoir a Robert de damarle le traistre par qui la guerre
estoit venue. Lors dirēt les sept roys a siperis leur pere q̃lz ne
sen yroient point encores iusq̃s a tãt quilz scauroient se le roy
saccorderoit a luy. Et enuoyerēt leurs gens en garnison p̃ tou-
tes les bonnes villes de normendie:⁊ furent treues crpees en-
tre eulx ⁊ les frãcoys. Et en ce temps estoit lēpereur oursai-
re alle secourir pḡelippe de hongrie. Et estoit alle auecques luy
helie le bon charbonnier. Si exploicterent tant quilz vindrent
en lost des sarrazins. Si se combatirent moult cruellemēt:⁊ y
perdirent les chrestiens moult grant foyson de leurs gens. Et
pḡelippe estoit yssu de la cite de monrost quant il vit le secours
Mais en la fin conuint quilz rentrassent en la ville. Mais he-
lie print le roy de europe/⁊ en fist present a lēpereur. Puis sas-
sissirent au menger. Puis parla lēpereur a pḡelippe q̃ luy dist
quil mãderoit le roy dangobert pour le secourir qui ameneroit
le conte de vineaulx ⁊ ses dixsept enfans/dont les sept estoy-
ent roys/⁊ puis luy compta comment ilz lauoient prins:⁊ com
ment il auoit donne sa fille a vng des sept enfans. Quant pḡe
lippe ouyt parler du roy dangobert/Il cõmēca a plourer moult
douloureusement:dõt lempereur sen esmerueilla moult:⁊ luy
demanda que il auoit:et il luy respondit que cestoit pource quil
auoit tant pdu en la bataille. Et puis luy demanda dõt estoit

E.ii.

siperis:ʒ dont il estoit venu.Adõc luy dist lempereur que Dan
gobert lappelloit son nepueu:et disoit ꝗl estoit filz de Phelippe
le frere du roy dangobert.Adonc racompta Helie le charbõnier
toute la nation de siperis:ʒ cõment sa mere sen deliura dedãs
vng boys.Et cõment lhermite le nourrit:ʒ comment le Roy
Dangleterre le trouua.Lors ne voulut plus Phelippe celer son
fait.Mais dist a lempereur tout plainemẽt que Siperis estoit
son filz:ʒ quil estoit phelippe le frere du roy Dangobert qui a-
uoit este banny de france/pource quil auoit engrosse Clarisse la
fille du duc marc⁹ dorleãs.Lors fut moult grãde la ioye quãt
lempereur se sceut/et ceulx de la cite le sceurent.Et apres ce fi-
rent escirpre vnes lettres pour porter au roy Dangobert/Affin
quil le venist secourir.Si les voulurent bailler a vng messai
gier.Mais Helie le charbõnier dist que nul ne les porteroit que
luy:ʒ quil feroit mieulx la besongne que personne du monde/et
on luy accorda.Lors se partit Helie a minuict de la ville ʒ tres-
passa tout lost des sarrazins sans auoir occupatiõ.et erra tãt
ꝗl vit a paris:ʒ quãt il ne trouua poit le roy il sen reuint a sou
quarmõt ou il trouua le roy Dangobert qui estoit assis au dis
ner:ʒ faisoit siperis vng moult grãt disner a ses barõs.La des
srendit Helie ʒ mõta au palays:ʒ salua le roy ʒ siperis : ʒ leur
bailla la lettre ꝗ phelippe leur enuoyoit.Lors la leust le roy/et
siperis aussi.Apres la lettre leute/demãderent a Helie du faict
Et Helie leur compta toute la besongne ainsi quelle alloit.Et
comment phelippe estoit pere de siperis.Lors fut grãde la feste
et prioit moult siperis au roy qui luy pardõnast la mort de son
filz:ʒ ꝗl ny auoit nulles coulpes.Mais le roy nen vouloit riẽ
faire.Quãt Helie fut assis au mãger:robert dãmarle le recon-
gneust.Si pensa quil le mettroit a fin par venin/et siperis aus
si.Mais siperis auoit vng annel que arragõde la royne luy a-
uoit donne qui auoit telle vertu ꝗ quãt il y auoit venin a dix
piedz pres il suoit.et par ce siperis se gardoit.Lors prit le trai-
stre robert de la poison ʒ du venin quil auoit.Et la vint pour
mettre dedans le hanap de helie le charbõnier:mais il cheut sur
le bort du hanap.parquoy helie len apperceut:car il se doubtoit
tousiours de luy.Lors print Helie le bon charbonnier de se vin:ʒ
le gecta a vng leurier ʒ tantost apres mourut.Lors se cuida ro

bert deſtourner. Mais Helie ſaillit incontinent qui le print ⁊ la
mena deuāt le roy dagobert ⁊ ſiperis en laccuſant q̄ il le Bou-
loit empoiſonner. Et que luy meſmes auoit empoiſonne le filz
du roy: et ſil Bouloit dire que non/ Helie ſe offroit de le prouuer
par champ de bataille: et Robert ſe cytuſa moult. Et diſt quil
ney eſtoit riens. Mais de de la bataille ne ſe Boulut point ſub-
mettre pour aucunes cauſes: par ce quil diſoit quil eſtoit ma-
lade de goutte. Et quil eſtoit bien ſouuent occupe de maladies
cadurques: mais neantmoins Siperis ordonna quil Beuueroyt
ce qui eſtoit dedans le hanap: ⁊ ſil ney mouroit Helie mourroit
de celle mort quil Bouloit quil mouruſt. Ainſi laccorda robert
qui eſtoit moult ſubtil ſurgien: Et ſe cuida bien garantir con-
tre le Benin. Si print la couppe et du Benin et Beut le Bin. Pu-
is print Bne petite boiſtelette en ſon aiſelle ou il auoit aucu-
nes choſes deffenſables contre le Benin. Mais Helie luy arra-
cha. Et par ainſi Robert mourut. Et quant le Roy ſceut ce ſi-
peris luy cria mercy/ et luy pria moult de la paix. et le roy ſe hu-
milia Bers luy: ⁊ fut la paix faicte. Et fut pendu robert dam-
marle. Puis apres print conſeil le Roy/ Siperis/ et ſes enfans
daller ayder a Phelippe leur pere: Et prindrent tour pour aller
Bers Paris pour aller aſſembler ſes oſtz: et le conuoya Sype-
ris Bng peu. Et apres ce il ſen retourna a Fouquarmont.

En ce temps aduint que Bng nommer Guyon
qui eſtoit filz du conte de prouuence/ et auoyt
eſte en la bataille auecques le roy dangobert
Non pas quil aymaſt le roy/ Mais par crain-
cte/ et par ce quil eſtoit ſubgect. Et ſi toſt ql
Beoit que le roy auoit du pire: ceſtoit Bng des
premiers fuyans. Et ſi fiſt tant quil Bint a
Paris/ ⁊ la diſt aux ſeigneurs que le Roy et
Siperis eſtoient mors. Et quil ne ſcauoit plus prochain pour
eſtre Roy que luy. Si Bouloit que on le couronnaſt: Et le plus
grant ſi acorda pource quil eſtoit riche et puiſſant: et leur don-
na tant dor et dargent qui ſes aueugla tous. Si ce ne fuſt le
duc de Bourgongne qui luy diſt que Ludons ſon frere eſtoit en-
cores Bluant qui eſtoit maiſne a Liteaulx. Et que ſe Dango
E.iii.

bert estoit mort que cestoit raison quil fust roy/Mais Guyon
eut tel dueil quil print ung cousteau/et tua le duc de bourgõ
gne.Et quant son filz veit ce il sen alla querir ses gens et sen
vint au palays pour vengier la mort de son pere:ʒ la y eust il
tresgrãt bataille.Mais en la fin demoura guyon/ʒ le receurêt
les bourgoys de la ville a roy.dont ilz furent mal.Et le roy dã
gobert chemina tãt quil vint a beauuais/Ou il fut moult no-
blement receu. Et ainsi comme il estoit assis au disner vint a
Beauuais le filz au duc de bourgongne/qui compta au roy dan-
gobert toute la besongne de guyon.Et commêt son pere auoit
este mis a mort par luy.Lors fut le roy dãgobert moult dolent
et marry.Et dist a sauary au filz du duc de bourgõgne quil en
seroit bien vengie.Si manda le roy a siperis quil amenast ha-
stiuement ses gens a paris pour luy ayder a son besoing.Et se
mist en voye ʒ sen alla a citeaulx ou il trouua Ludouis son fre-
re a qui il compta tout le fait/tant de phelippe de hongrie son
frere/tant de siperis et de guyon. Et luy dist quil vouloit quil
yssist hors de celle abbaye/ʒ quil fust cheualier.Et ludouis luy
accorda voulentiers:ʒ dist quil auroit en leur ayde to⁹ les moy
nes.Lors manda labbe de citeaulx bien vingt mille de ses moy
nes par les abbayes:ʒ yssit ludouis de labbaye.Et le fist dan-
gobert cheualier.Lors se misrent en voye vers paris/et chemi-
nerent tant quilz vindrent a saict Germain des prez:la ou ilz
cuydoiêt trouuer siperis ʒ ses gens.Mais ilz scauoient maul-
uaisement lêseigne que leur messaigier auoit eu.Car il sestoyt
arreste auecques vne des espies de Guyon le traistre: ʒ luy a-
uoit tout compte son fait:ʒ cõment il alloit querre siperis.Et
quant lespie louyt il fist tant quil ferit p derriere le messaigier
et le tua.Et luy print ses lettres ʒ les porta a guyon a qui il
compta tout le fait/ʒ par ainsi nen sceut riês siperis.Quoy ql
fist il fist assembler tous ses oftz pour aller vers paris pour
querir le roy dãgobert quil deuoit mener en hongrie.Quant le
roy dangobert fut empres paris il demanda bataille a guyõ/ʒ
il luy accorda.Lendemain au matin se armerent dung coste et
daultre:ʒ celuy Guyon auoit moult de grans gens/Car il e-
stoit moult riche et puissant en bataille : ʒ tua Sauary le filz
au duc de bourgongne.Le frere de guyon de prouuence mourut

Berard de mondidier qui poetoit lenseigne du roy de france.Et
y fut tue labbe de citeaulx et plusieurs aultres tât dung coste
que daultre. Et dura la bataille iusqs au Vespee. Loes fut la
retraicte sonnee. Loes fut le roy dangobert en grant voulête de
demander treues a Guyon quinze iours affin q en ce pendant
siperis viendeoit ql luy ameneroit secours. Mais siperis estoit
ia a phelippe qui de ce ne scauoit riens se nauoit este puis vng
iour. Si manda au Roy dangobert quil venoit/ Et quant il le
sceut il alla alencontre de luy/q festoyerent moult lung lautre
Et puis manderent lendemain a Guyon bataille. Et guyon
luy accoeda/et lendemain yssit de paris a tout le cômun peuple
et grant compaignie. Mais quant ilz apperceurent le Roy et
siperis et ses enfans. Tout le commun de paris sen vint crier
mercy au roy disant q tout ce qlz auoient faict le auoit este a
foece et contre leur voulête. Et le Roy leur pardonna moyen-
nant qlz diroient les plus principaulx quice auoient faict. Et
qui auoient este consentans de faire Guyon de pzouuence roy.
Et ilz dirent que si feroiêt ilz. Adoncques dimynua la foece de
guyon moult. Adonc fut la bataille commêcee/q fut moult hoe
rible/q cruelle/q tourna la perte sur guyon/et quant il veit ce il
osta ses armures et peint les armures dung escuyer/q fist che-
oir lêseigne a terre/q se partit de la bataille secretemêt/q se sau
ua/et se mist en la voye pour aller en hôgrie/et dist ql peoit ay
der au roy de cipze qui tenoit siege deuant phelippe. Et puis le
ameneroit en france/q ainsi se partit lost. Et si tost quil fut en
voye ses gês ne tindrêt plus contre le roy. Car ilz furêt tous
vaincus et mactez puis entrerêt en paris ou ilz furêt moult
festoyez de la royne a qui on auoit dit q dangobert estoit moet.
Mais quât elle le vit elle fut toute restouye Loes fist tât le roy
quil sceut lesqlz furent qui auoient este cause de faire roy guy-
on/et furêt condâpnez dauoir les nerfz cuptz q des bzas q des
mais et des iarretz/et fist on vng eschauffault ou on les veit/
et les laissa on tant viure que ilz pouoiêt/ et apzes leur iustice
faicte le roy fist trousser habillemês et armures pour cheminer
deuers hongrie/tât cheminerêt quilz furent la oz estoit guyon
auec le roy acquillât de cipze luy et qatre mille hommes quil
auoit mene quât il se partit de frâce q auoiêt regnie iesucheist

et la Vierge marie/et aouroiēt mahom ꝫ teruagant/et pour ce
ste cause luy auoit dōne acquillant sa seur en mariage quon ap
pelloit salatrie:ꝫ tout le royaulme de sarie/ꝫ le deuoit ce roy a
mener en france. Mais ꝗl print la cite de monrost. Quāt dan
gobert fut venu aupres de lost des sarrazins. Il fist tendre ses
trefz et paueillōs ꝫ y eust vng espie ꝗ leur cōpta tout le fait de
la ville ꝫ ꝗlz nauoiēt plus ꝗ menger. Et cōment guyon auoit
regnie dieu. A ce messagier donna siperis vne robbe fourree et
vng pallefroy:pource quil luy dist quil estoit au roy Dango-
bert quant il le trouua premieremēt. Puis enuoya le roy vng
messagier en la cite au roy phelippe ꝫ a lēpereur oursaire quil
fussent pres pour le lendemain liurer bataille ꝫ ꝗl saillissent de
la ville. Et quant phelippe ꝫ lēpereur ouyrent les nouuelles
du secours / ilz furēt moult ioyeulx. Lors demanda dangobert
iournee de bataille a acquillant:et il luy accorda a vng mardy
ensuyuant. Quant se vint a ce iour de la bataille/il ordonnerēt
leurs batailles/puis se ferirēt lung dedās lautre:la y eut grāt
occision. et se porterēt moult vaillāmēt En celle bataille vint
guyon ꝗ moult greua les chrestiēs. Car il tua le conte de van-
dosme/le conte du perche. Mais en la fin il fut prins et liure au
roy dāgobert ꝗ le fist mettre en prison. Puis yssirēt ceulx de la
ville a tout seize mille hōmes. Et sen vindrēt es tētes des sar
razins/et mettre a mort ceulx ꝗl y trouuerēt. Et quāt aquil-
lāt louyt dire il enuoya le seigneur dammaire ꝗ les combatit
tellemēt ꝗlz furēt to⁹ mis a mort. Car ilz estoiēt moult affoi
blis par famine. La fut prins phelippes de hongrie ꝫ oursaire
lempereur/et enuiron cinquāte de leurs hommes/ tant dura la
bataille ꝗ le vespre vint que chascun se departit/et quāt aquil
lant fut venu a ses tētes. Il fist amener phelippe ꝫ lempereur
deuāt luy. Puis dist a phelippe si luy souuenoit point comment
son pere auoit este guerroye ꝗl auoit tue / et puis auoit espouse
la fille du roy de hongrie/leꝗl il auoit tue. Dont a celle cause il
estoit roy de hongrie/et comment il auoit passe la mer/ et estoit
alle destruyre le royaulme de cypre/ꝫ auoit tue son frere ꝫ bien
que de ses amys ꝗ de ses cousins germains.xviii. Et pour ces
causes dist il a phelippes ꝫ a lempereur ꝗl les meneroit en son
royaulme/ꝫ ꝗ la feroit il iustice deulx deux. Et phelippe luy res

pondit dieu nous en pourra bien garder si luy plaist. Celle nupct
la pensa acquillant quil nestoit poit assez fort pour resister cõ
tre dangobert. Si se pensa quil sen proit de nuict par nauire en
son paps/ t fist tãt ã les Vaisseaulp furẽt:to⁹ prestz:t si neust
este Vne espie qui en auertit siperis ilz sen fussent allez Car ac
quillant quãt se Vint Vers minuict:il fist desloger son ost tout
Bellement t doulcement sans faire nopse ne huee/mais siperis
auoit quatre embusches. Et quant les sarrazins sen quiderẽt
aller en leur nauire/siperis t ses gens leur saillirent sus au de
uant/Et allumerent sallos tellemẽt que on p Veoit aussi cler
que sil eust este pleine heure de iour:la fut moult grãde loccisi
on:t tua le roy acgllant anbrieu le roy descosse dont siperis fut
dolẽt pource que son filz auoit espousee sa fille. Si ferit tellemẽt
acgllant quil le tua t mist a mort. Puis se mist gallebault sõ
filz/et helie le bon charbõnier deuers se roy dammarie qui gar
doit phelipes de hongrie t lempereur oursaire et tãt firent que
helie le bon charbõnier couppa la teste au roy dãmarie/t rescou
pst phelippe lẽpereur. Et ainsi furent tous les papens mors t
Vaincuz. Lors fut amene Phelippe a Siperis son filz. Et aussi
tost ã siperis le Vit il descẽdit de sõ cheual t sagenoilla deuãt sõ
pere/et la fẽt moult grande la iope quant ilz sentrecõgneurent
du pere aussi du filz t des nepueup. Et puis demãda siperis
clarisse on luy amena les dames deuant luy/t clarisse aussi
mais il ne recongneut oncques clarisse. Car il y auoit bien.vl.
ans que il ne lauoit point Veue. Et quant on luy fist recongnoi
stre il lacolla et baisa:t la fut moult grande la iope du roy dan
gobert de phelippe son frere. Si leur dist phelippe quil estoit Vef
ue:t quil auoit eue t espousee la fille au rop de hongrie:dõt le
ropaulme luy estoit Venu/t dont il auoit encores Vng filz que
on appelloit oliuier. Or estoit il ainsi quelle estoit morte:si Vou
loit espouser clarisse:t si fist il t lespousa dessoubz le drap dont
il perdit le nom de bastard:ilz furent moult ioyeulp t furẽt bel
les nopces. Et dura la feste moult longuement: t puis fist le
rop dangobert desloger lost. Et sen Vint le rop deuers france t
siperis aussi Lors demoura phelippe a mõrost:lors sẽ Vit le rop
a paris:t siperis sen reuint a Vineuaulp:et puis sen alla en es
cosse pour mettre son filz au royaulme:t quãt il fut a Verulch

Siperisf.i.

en escosse il manda tous les seigneurs du royaulme descosse et
fist recepuoir a son filz les hommaiges/ et ny eust nul q rebellast.
Lors fut couronne roy descosse paris le filz siperis/ en ce temps
mourut le roy dangobert/et fut sacre ludouis son frere/ t y eust
vng messagier q le vint dire a siperis/et quant il le sceut il en
fut moult courrouce/car il disoit q la couronne luy appartenoit/
pource ql auoit espousee orable la fille du roy/ et q ludouis en
estoit couronne sans raison/et q sen combatroit a luy sil ne sen
deuestoit/Lors assembla ses gés tant ql furêt bien cêt cinquã
te mille.Et entrerent en mer/et singlerent tant qlz arriuerent
a lescluse:lors y ssirent hors des vaisseaulx. Et firent tant ql
prindrent le marquis de bruges et prindrent la femme du con
te de flandres/et sa fille qui estoit moult belle.Tant alla la
chose q ludouis en sceut nouuelles.Si assembla ses gés t leur
demanda conseil en disant q on luy dist leaulment sil tenoit la
couronne a bon droict.Et q sil auoit droit ql se deffenderoit et
sil ny auoit droit il en estoit content de sen mectre hors: les aul
cuns luy conseillerent q le remist en la main de siperis:mais le
conte de flandres dist au roy ql sen deffenderoit t ql se comba
tist a luy.Et que se seroit grant honte de luy en deffaisir ainsi.
Et que sil luy vouloit bailler gés q luy proit luymesmes alen
contre de siperis.Et quil luy renderoit siperis en sa main et ql
mandast larriere ban.Et que il les enuoyast apres luy et lu
douis luy accorda et luy bailla gens pour aller alencontre de si
peris.Et quant il le sceut il dist a ses enfans que celluy q pren
droit le conte il auroit sa fille a mariage t que il luy donneroit
auec ce la conte de flandres. Quant siperis eut prins bruges
il fist abatre les murs de la ville et les portes affin quil ne se re
bellast contre luy. Puis se mist au chemin et alla tant ql vint
a la bassee/ t raoul le conte de flãdres estoit a arras a tout son
ost.Et quãt il sceut q siperis estoit a la bassee il se mist au che
min et sen vint a sens en artoys:mais il ny fut pas .iiii.toures.
Quant siperis y vint et assiegea la ville:et quant le conte de
flandres veit ce il se esbahyt pour la grãt gent q auoit siperis
et pource ql ny auoit gueres a viure. Si se pensa de venir par
nuict sourprendre t deslloger lost de siperis. Ainsi le fist t sarma
luy et ses gens. Et sen vindrent en lost de siperis frapper.Ou

il y auoit moult bon guet.Si se commenca la bataille grande z
horrible.A fallos et a torches laqlle dura moult longuement:
la naura raoul le conte de flandres siperis:mais siperis le nau
ra a mort.Et print plusieurs grans seigneurs comme le conte
de beauuais le conte de soissons/le duc de bourgongne. Et plu
sieurs aultres:la furent les francoys desconfitz z Thierry le
filz siperis le conte de flandres:puis entra siperis z ses gens a
lens et luy amena Thierry le conte z siperis le vouloit tuer/
mais il luy dist q de la mort ne pourroit il eschaper/mais il luy
prioit q aincoys quil mourust qil feist espouser sa fille a son filz
thierry ql auoit prins/et quil luy donnast douaire souffisant a
sa femme pour viure honnestement/et que il se mouroit/z quil
fust enterre a arras en vng temple.Et par le moyen de ce ma
riage Thierry auroit toute la seigneurie de la conte de Flan
dres et dartoys.Et siperis le luy accorda/et puis mourut ledit
conte.Puis manda Thierry tous les bourgeoys Darras et
les bourgeoys de la cite z tenant de la conte/pour faire hommai
ge a Thierry.Lors y vindrent tous et luy firent hommaige/z
fut receu a seigneur:et puis sen allerent en arras. Entre ses
choses assembla ludouis son arriere ban.Et se partit de paris
pour venir apres le conte de Flandres:et firent tant par leurs
iournees quilz vindrent a Noyon/et la vint vne espie qui luy
vint compter tout le fait de la bataille du conte de frandres et
de Siperis.Et quant ludouis le sceut il demada conseil/quat
il parloient de ceste matiere arriua la le pere Siperis Phelippe
de hongrie qui fist moult grant feste au Roy de France ludo
uis. Et ludouis a luy/ Puis commencerent a parler de ceste
grant guerre et tant que Phelippe dist quil ne pourroit nuyre
a son filz/et que aussi la couronne luy appartenoit. Si luy con
seilloit quil le remist en la main de siperis/ De ce conseil furent
les francoys resiouys. Si parla la royne qui estoit femme de
ludouis/et dist quelle yroit luy et phelippe parler a Siperis et
quil trouueroient lapoinctement vers luy sil pouoient/car elle
doubtoit que se ludouis y alloit q siperis ne le voulsist iusticier
rigoureusement/et ludouis luy accorda:ainsi se partit la Roy
ne que on nommoit Baudour/et phelippe de hongrie z sen vin
drent deuers siperis.

F.ii.

En ce temps aduint q aucuns des sarrazins
qui auoient este du conseil quant acquillant
fut mort deuant montost sen vindrent en hie-
rusalem ou trouuerent sallatrie: et luy com-
pterent toute la besoigne q la vaillance de si
peris et la beaulte de ses enfans: lors se pen-
sa sallatrie de venir passer la mer et assem-
bler sarrazins pour venir en chrestiete: mais
elle pesa en son couraige q pour les efas de sipis si beaulx q on
luy disoit quelle se feroit baptiser et en prendroit vng a maria-
ge:lors assembla grant quatite de sarrazins:et print tant dor
et tant dargent q cestoit sans nombre:q fist entendant q cestoit
pour gaigier soudoyers:si amena ses quatre dieux qui estoient
de fin or massis:cestassauoir mahom apolin teruagant q iupi-
ter:puis entrerent en mer q nagerent tant qil arriuerent a con-
uassence en allemaigne ou estoit Dursatre lempereur a peu de
mesgnie.Car loys son beau filz auoit emmene ses gens en lay-
de de siperis:et auoit laisse ragonde sa femme bien enseincte la-
quelle auoit en sa compaignie toutes les aultres roynes : cest-
assauoir hermine la femme du roy Dangleterre sallemonde la
royne des dannoys : et Florence la femme Bouciant de nouer-
gue q aduise de frige:et symonne descosse q allis dirlande tou-
tes ces roynes luy tenoient compaignie. Et tant ilz furet que
la dame arragonde se deliura dung beau filz q on nomma cesa-
re q tint lepire de romme.En ce temps ainsi q la dame gisoit
assiegea sallatric la cite de convassece et ses payens. Et y luy
mistrent plusieurs gras assaulx:q les bourgoys se deffendoiet
bien.Mais en la fin par deffaulte de viures q de gens fut la ci-
te prinse. Et fist sallatrie trecher la teste a lepereur Dursatre.
Puis fist prendre les roynes q les honnora moult: et neuret aul
tre prison que la belle sallatrie. Ainsi demoura la chose encore
vng peu.Et phelippe q baudour la royne estoient allez deuers
siperis q les receupt moult honnorablement / et festoya moult
son pere. Puis commenca phelippe a parler de la paix de luy et
de sudouis.Mais il ne si vouloit consentir. N atmoins la roy
ne baudour luy en pria moult. Et tant que Siperis laccorda
moyennant que le roy luy bailleroit la couronne vng iour et

Bne nuyct/puls luy renderoit et luy lairroit possesser toute sa
Bie.Et apres il seroit roy.Et ainsi fut laccord faict/le roy ma
de qui estoit a noyon et sen Bint a corbie.Et pource que siperis
auoit iure dieu et sainct pierre qui destruiroit ludouis son oncle
et ql luy osteroit toute sa seigneurie la royne baudour luy dist
quil ne se pariureroit point pour bien faire/et que pour son ser
ment sauuer elle fonderoit en la Bille de corbie Bne abbaye ou
nom de dieu et de sainct pierre. Ainsi fut la paix faicte. Et a
celle heure Bint a siperis Bng messagier q luy compta tout le
faict et toute la besoigne q sallatrie auoit faicte a conualence/et
comment lempereur estoit mort/et comment elle tenoit les sept
roynes/sans leur faire quelque grief/et quant siperis le sceut
il en fut moult dolent/lors se mirent a la Boye et y alla le Roy
ludouis et y menerent moult grant ost et cheuaucherent tant
quil furent aupres de conuallence/quant ilz furent pardela le
roy ludouis conseilla que on enuoyast Bng messagier a sallatrie
pour demander tour de bataille ou de ost/contre ost Ou de cent
contre cent/ou de Bng cheualier contre Bng aultre. Lors dist si
peris qil proit. Lors sapareilla moult bien/et fist ordonner ses ges
affin que sil auoient affaire q ilz le secourussent. Et sen alla et
fist tant qlentra en la Bille et trouua ou palays sallatrie qui
iouoyt aup eschetz contre Bne des sept roynes. Lors la salua
et luy dist qil estoit messagier au roy de france et de siperis q la
le menoient. Et quant elles Birent siperis elles le congneurent
prestement. Et siperis leur clina locil/et puis sallatrie mena si
peris en sa chambre/et manda les sept roynes/et quat elles fu
rent Benues elles senclinerent deuant siperis. Et sallatrie co
menca a rire. Si luy demanda siperis pourquoy elle rioit/et elle
luy dist q cestoit pource qil disoit qur le roy et siperis le menoiet
la/et cestes Bous Bous mesmes. Lors luy dist siperis q cestoit
il Boirement. Lors luy dist sallatrie q il la menast aup tentes
du roy et qil la ramenast saine en la cite.Et siperis luy dist q si
feroit il. Lors monta sallatrie a cheual auecques siperis luy et
son chamberlan/et sen Bindret en lost. Et quat le roy le sceust
il sen Bint alencotre deulp et les enfans de siperis aussi.Lors
se deuisa au roy assez longuement. Buis demanda a Boir les
enfans de siperis:et on les luy monstra.Et tantost elle cheust

F.iii.

es las damours. Si ne voulut plus celer son couraige: et dist
au roy et a siperis quelle vouloit estre baptisee/z laisser la loy
Mahom: dont le roy fut moult ioyeulx. Et quant au regard de
ses gens:elle prioit que tous ceulx qui ne vouldroyent estre ba
ptisez sen peussent aller sauluement pource quelle les auoit a
menez. Mais le Roy z Siperis disoient que se on les laissoit al
ler quilz se pourroyent rassembler contre leur dame. Si conclu
rent que on feroit vng champ de bataille dung chrestien contre
vng sarrazin:et celuy qui seroit vaincu ceulx de son party se
conuertiroyent a la foy du victorien. Ainsi fut accorde: z reqst
la dame pardon de ce quelle auoit ainsi fait mettre a mort lem
pereur Dursaire:et que se auoit este pour ce quil auoit tue our
saire son oncle le Roy de Murgalle:et aussi elle pardonna a si
peris la mort du Roy Acquissant son pere. Ainsi sen retourna
la dame Sallatrie/et compta aux sarrazins tout le fait dont
ilz furent contens:z y eust vng grant et fort qui se offrit a fai
re la bataille contre le chrestien. Et du party du chrestien re
quist le petit Siperis de faire le champ contre le sarrazin/Lezl
petit Siperis vainquit z mist a mort ladmiral: et par ainsi se
conuertirent les payens et se firent baptiser:z yssirent les sar
razins tous nudz et furent tous baptisez:Et puis fut la belle
Sallatrie fiancee et esponsee de Siperis le petit/Et furent les
nopces faictes qui durerent vng moys/Et apres ce le roy Lu
douis retourna en france:z Siperis et ses enfans appresterent
leur nauire pour passer oultre la mer. Et nageret tant que ilz
vindrent en Hierusalem:et receut le petit Siperis les hommai
gea des subgectz du pays:et nen trouua nulz contredisans.car
pour lamour de leur dame plusieurs se conuertirent. Puis se
partit Siperis de son filz et entrerent en mer/et arriuerent en
Espaigne. En celluy pays habitoyent Sarrazins/et la eurent
grant bataille/et destruyrent tous les pays:z ardiret iusques
en Nauarre ou ilz trouuerent bien peu de gens pour resister co
tre eulx. La tuerent le roy qui estoit payen: Et en fut Galle
hault filz de Siperis couronne roy. Et puis conquirent Gas
congne:et en firent Sanson filz de Siperis Roy. Et puis se de
partirent:et sen alla chascun en sa contree. Et en ce pen
dant mourut Ludouis le Roy de france: Et ne vesquit

sa femme q̃ sept iours apres luy. Et dist on quelle mourut de
courroux quelle print de son mary: et commēca labbaye de cor-
ble/mais elle ne la paracheua mye. Car Siperis la parfist. Et
depuis plusieurs seigñrs de France sont augmētee de ioyaulx
et de relicques. Et les papes de Romme donnent ⁊ octroyent
pardons et indulgences a ceulx qui y Bont en pelerinaige. Et
quant Siperis reuint en Frāce il trouua Ludouis mort. Lors
fut couronne Roy/⁊ maintint le royaulme eñ paix enuirō sept
ans. Et puis fut Thierry roy apres luy.

Cy finist lhystoire plaisante et recreatiue faisant mētioñ des
prouesses et Baillances du noble Syperis de Uineuaulx
Et de ses dixsept filz Nouuellement imprimee a
Paris pour Claude Beufue de feu Jehan sainct
denys demourant eñ la rue neufue nostre da
me a lenseigne Sainct Nicolas.